GUINEA EN PATUÉS

Dels bous de la ball de Benás
al cacau de la isla de Fernando Poo

De los bueyes del valle de Benasque
al cacao de la isla de Fernando Poo

GUINEA EN PATUÉS

Dels bous de la ball de Benás
al cacau de la isla de Fernando Poo

De los bueyes del valle de Benasque
al cacao de la isla de Fernando Poo

José Manuel Brunet,
de Casa Pagán de Bilanoba

José Luis Cosculluela,
de Casa Añica de Morillo de Liena

José María Mur,
de Casa Pelós de Benás

La Diputación Provincial de Huesca ha querido sumarse al Instituto de Estudios Altoaragoneses, que apoyó a sus autores en la investigación, y al Ayuntamiento de Benasque, que concedió a este trabajo el Premio Literario Bila de Benás en el 2004, para difundir uno de los hechos más curiosos y desconocidos de la historia reciente de las gentes de nuestra provincia. Es el relato de una emigración lejana, azarosa y aventurera.

Sus protagonistas son ribagorzanos, en su mayoría habitantes del valle de Benasque, que hace cien años emigraron a Guinea, a la isla de Fernando Poo. Difícilmente se entendería la historia contemporánea de esta nación sin la presencia de estos ribagorzanos, de los de Chía y de su precursor, Mariano de Castán. Y preferimos llamarlo así porque a las gentes de esas tierras altoaragonesas, de ese "país", se les reconoce por el nombre de su casa, esa unidad más fuerte que el apellido a la que se asocian las personas y los bienes.

¿Qué pasaría por la cabeza de Mariano cuando dejaba atrás los congostos, pañuelo fardero al cuello, en dirección a Seira, a Graus... a Barcelona? ¿Cómo se imaginaría aquellas tierras guineanas que tan apenas lograba situar en su particular cosmogonía?

Pues a finales del siglo XIX, Mariano Mora Abad, de casa Castán de Chía, llegó a Guinea para trabajar en las plantaciones de cacao. A los pocos años llegaron sus sobrinos, sus primos... para fundar una empresa familiar que arraigaría y prosperaría en estas tierras.

Esta es su historia, la de su sobrino Joaquín Mallo, personaje de gran prestigio que llegó a ser diputado en la Cortes de 1931, y la de todos aquellos parientes, parientes de los parientes, amigos, vecinos y conocidos que arrancaron a la selva de Guinea, machete en mano, las fincas de cacao. De los que, a pesar del calor insoportable, de las enfermedades y de los mosquitos, crearon empresas que constituyeron la base productiva de aquel país. Y de los que, a pesar de las dificultades, levantaron edificios que, aún hoy, son el orgullo de la ciudad de Santa Isabel (hoy en día Malabo).

De los que allí quedaron y de los que regresaron para contarnos sus experiencias, que hoy se nos transmiten con la frescura y proximidad de los que las vivieron en primera persona y con el afecto de los que las han escrito con el corazón.

Antonio Cosculluela Bergua
Presidente. Diputación Provincial de Huesca

Dedicau als nuestros pays

Dedicado a nuestros padres

Isto llibre l'em podeu escriure grasies
a lo que sobre Guinea mos han contau:

Anita Mora, de Casa Catoy de Gabás

Maripé Solana, de Benás

Jesús Barañac, de Casa Muria de Chía

José Gabás, de Casa Farrero Biejo de Bisaurri

Pepito Nerín, de Casa Caballera de Castilló

Ramón Pascual, de Casa Farrero de Bisaurri

Jesús Pallaruelo, de Casa Gregoria de Chía

Ramón Martín, de Casa Matías de Chía

Julio Nerín, de Casa Presín de Chía

José Blanco, de Casa Blanco de Benás

Antonio Lanau, de Casa Balera de Benás

Fransisco Gabás, de Casa Mata de Sarllé

Este libro lo hemos podido escribir gracias
a lo que sobre Guinea nos han explicado:

Anita Mora, de Casa Catoy de Gabás

Maripé Solana, de Benasque

Jesús Barañac, de Casa Muria de Chía

José Gabás, de Casa Farrero Viejo de Bisaurri

Pepito Nerín, de Casa Caballera de Castejón de Sos

Ramón Pascual, de Casa Farrero de Bisaurri

Jesús Pallaruelo, de Casa Gregoria de Chía

Ramón Martín, de Casa Matías de Chía

Julio Nerín, de Casa Presín de Chía

José Blanco, de Casa Blanco de Benasque

Antonio Lanau, de Casa Valera de Benasque

Francisco Gabás, de Casa Mata de Cerler

Esquinaso del llibre

13 Entrada

21 La lleyenda de Mariano

31 La isla de Fernando Poo hasta la entrada de 1900

41 Els Gozos de Santa Quiteria

47 Y Mariano baixe ta Guinea

65 A la ball de Benás

93 A Guinea

173 De Chía a Guinea… y de Guinea a Chía

181 Y en t'acabá

198 Bibliografía

Índice

13 Introducción

21 La leyenda de Mariano

31 La isla de Fernando Poo hasta la entrada de 1900

41 Los Gozos de Santa Quiteria

47 Y Mariano baja a Guinea

65 En el valle de Benasque

93 En Guinea

173 De Chía a Guinea… y de Guinea a Chía

181 Y para terminar

198 Bibliografía

Entrada

Introducción

La combocatoria que cada an fa la Casa de la Bila de Benás del Premio d'Imbestigasión ba fé que tres amigos, fillos d'así, d'isto país nuestro, als que mos achunten tantes y tan moltes coses pero, sobre tot, el cariño a les nuestres benes, el querí doná lo milló de nusaltros a la nuestra chen y a la "bida" d'ista ball tan pllena de coses que han pasau y mos afecten, ba fé, dim, que mos presentasan dan una idea que febe tems mos rondabe per la cabesa: la istoria de una emigrasión que mos ba pasá. Una emigrasión lluen, a diferensia de la fransesa. Una emigrasión casual y abenturera. Una emigrasión sin esforigá, acllarí u contá. Aixó, y solo aixó, ye lo que bem presentá coma treball d'imbestigasión.

Dispués, al colamos-ie, bem entrebere primero, y comprobá dispués, que l'asunto yere més ambisioso de lo que al prinsipe s'esperabe. Y així bem desidí "embarcamos" tamé ta ixa Guinea en un esfuerso que solo la ilusión y les achudes hu han feto posible.

A altros les querim ubrí les puertes ta que sigan descubrín moltes més coses. A altros, que en sabrán més, les tocará acabá de contá tantes coses que mos abrem dixau de di. Lo que sí sabem, y no ye ni soberbia ni arrogansia, ye que no mos ganarán en tanto cariño y afecto coma i em posau a lo que así us amostrem.

Sabem, perque mos hu em trobau, del puyal de material que sobre isto tema d'imbestigasión yei guardau, y que mos desbordaríe lo que querim d'isto modesto treball. T'altros será, coma em dito. Solo busquem, coma cuan se desbosque la selba, ubrí un camino ta que no se pierda la

La convocatoria que cada año realiza el Ayuntamiento de Benasque del Premio de Investigación consiguió que tres amigos, hijos de aquí, de nuestro país, a los que nos unen tantas y tantas cosas pero, sobre todo, el cariño a nuestras raíces, el querer aportar lo mejor de nosotros a nuestra gente y a la historia de este valle tan repleto de acontecimientos que han sucedido y nos afectan, posibilitó, decimos, que nos presentáramos tras una idea que hacía tiempo nos venía rondando por la cabeza: la historia de una emigración que nos aconteció. Una emigración lejana, a diferencia de la francesa. Una emigración casual y aventurera. Una emigración sin investigar, esclarecer o informar. Eso, y solo eso, es lo que presentamos como trabajo de investigación.

Luego, al ponernos manos a la obra, intuimos primero, y comprobamos después, que el tema era más ambicioso de lo que en un principio creíamos. Y así decidimos "embarcarnos" también en dirección a esa Guinea, en un esfuerzo que solo la ilusión y las ayudas han hecho posible.

A otros queremos abrirles la puertas para que sigan descubriendo muchas más cosas que contar. A otros, que sabrán mucho más, les tocará terminar de explicar tantas cosas que nos habremos dejado en el tintero. Lo que sí sabemos, y no es ni soberbia ni arrogancia, es que no nos ganarán en la comparación de cariño y afecto que hemos derrochado para lo que aquí os enseñamos y mostramos.

Sabemos, porque lo hemos encontrado y comprobado, la cantidad de material que sobre este tema de investigación hay archivado y guardado, y que desbordaría los objetivos

memoria istórica, única y nuestra. Tamé nusaltros hu em teniu que fé, a begades, "a machetaso llimpio".

Quede, ta saguero, agradesé a la Casa de la Bila de Benás la combocatoria d'isto premio y el abelo donau a tres fillos d'ista terra. Tornem acabada la fayena encargada y us la donem ta que tots la puesquets balorá y disfrutá.

Grasies tamé y moltes, als amigos y als que, sin cap interés propio, mos ets achudau a fe-hue més fásil. Tamé de busaltros ye isto treball.

Benás / Guinea, 2008

que pretendemos con este modesto estudio. Para otros será este reto, como hemos dicho. Solo buscamos, como cuando se desbroza la selva, abrir un camino, con el fin de no perder la memoria histórica, única y nuestra. También nosotros hemos tenido que hacerlo, a veces, "a machetazo limpio".

Queda, por último, agradecer al Ayuntamiento de Benasque la convocatoria de este premio y el haberlo concedido a tres hijos de esta tierra. Hemos cumplido el encargo encomendado y os lo entregamos para que todos podáis valorarlo y disfrutarlo.

Gracias también, y muchas, a los amigos y a los que, sin ningún interés propio, nos habéis ayudado a hacerlo más fácil. También vuestro es este trabajo.

Benasque / Guinea, 2008

Chía: la pllasa del llugá.

Chía: la plaza del pueblo.

Chía ye un llugá acorchofau. S'amague entre la serra y la llera. Hasta al sol de Gallinero le coste trobalo ta allumbralo dan el respllandó que mereixen tots els llugás besins del Solano. Cuan uno puye per la ruta prinsipal cara ta Benás, no le pase per la intuisión, ni tampoc per la cabesa, que, chusto pasá el puen de Castilló, yeigue un llugá a l'altra man de la llera. Sí, a l'altra man. Suerte que yei un indicadó d'ixos que en forma de cartell diu: "Chía 3 km".

Desde siempre puyaben i baixaben al Molino Sesué pel camino de la montaña Bilanoba, per Pllanascuancas, La Coma, El Matiguero, El Soquero y La Cregüeta de Bidals, El Foro… y Bilanoba, camino de Sesué…, camino del Molino. Ya no yei Molino; se l'en ba llebá el río; ni camino ta Sesué… ni casi camino del Soquero. Y per la Coma ya no s'i puede pasá. Pllanasaraucas y l'Artiga Mallada yeren trosos de terreno sudats, llaurats y padesets per animals y personas. L'Artiga Mallada… ¡qué nom més majo! ¿Qué queribe di? ¡Qué casualidá que le diguen aixií!

Tal begada, l'altro día encara me parese que berdeguiaben les chicoines, amarilles de corasón coma el girasol, pero chiquinines a terra, als prats de Chía. Chía ye capital de moltes coses que alló que se diu *la naturalesa* l'ha donau: cardos, prats de pentineta, alfals, trefla de la de antes, formental de yerba, meligón y trefolio, peligroses en tals budiells y tripes del bestiá, que s'unfllaben si s'en fartaben…

Resién baixades de la montaña, estorsiname y bacume se foteben lo dels prats, en continensia clllimática y aguantán

Chía es un pueblo acurrucado. Se esconde entre la sierra y la *llera*. Hasta al sol de Gallinero le cuesta encontrarlo para alumbrarlo con el resplandor que merecen todos los pueblos vecinos del Solano. Cuando uno sube por la carretera principal en dirección a Benasque, no le admite la intuición, ni tampoco la cabeza, que una vez pasado el puente de Castejón exista un lugar en el otro lado de la *llera*. Sí, al otro lado. Menos mal que hay un indicador de esos que, en forma de cartel, dice: "Chía 3 km".

Desde siempre se subía y se bajaba al Molino de Sesué por el camino del monte de Villanova, por Pllanascuancas, La Coma, El Matiguero, El Soquero y La Cregüeta de Bidals, El Foro… y Villanova, camino de Sesué…, camino del Molino. Ya no hay Molino: se lo llevó un día el río; ni camino a Sesué… ni casi camino del Soquero. Y por la Coma ya no se puede pasar ni atravesarla. Pllanascuancas y la Artiga Mallada eran trozos de terreno sudados, labrados y sufridos por animales y personas. La Artiga Mallada… ¡qué nombre más bonito! ¿Qué querría decir? ¡Qué casualidad que la llamaran así!

Tal vez, el otro día, me parecía aún que verdegueaban los dientes de león, amarillos de corazón como el girasol, pero pequeñitos en tierra, en los prados de Chía. Chía es la capital de muchas cosas que eso que llamamos *naturaleza* ha concedido: cardos, prados de esparceta, alfalfa, *trefla* de las de antes, *formental* de hierba (más basta, pero buena), meligón y trébol, peligrosos para los intestinos y las tripas de los animales, que se hinchaban si se hartaban…

lo que la sequera del tems de l'estiu ofresebe coma bert, ecologista y natural.

Chía ha estau, y ye, capital; y ta isto treball que presentem la decllarem coma referensia oblligada. Sin Mariano ni Chía no yabríe la Guinea que querim recordá, torná a trobá, presentá y contausla als que querguets escultala. Amostrausla. Feus un omenache…

Als que ets feto el biache.
Als que per abe-hue feto tos ets muerto. Allí.
Als que ets tornau y encara tos ha donau tems de conta-hue.
Als que tos hu ets ganau.
Als que ets soniau ta tornaie… y no.
Als que no tos han enteneu y tos embidien.
Als que no i porán aná mai… y tampoc les interese… ¿u sí?
Als que queren sabre la berdá de tan increíble abentura.
Als que encara están allí.
Als que, cuan tornen tots, mos hue contarán casi tot.
Als que tinrán que seguí esforigán y contán asó que nusaltros solo em encomensau.
Als que tinrem que rendí un omenache per una emigrasión… més lluen que la fransesa d'isto altro costau.
Als que, muertos y enterrats allí, algo mos tinrán que di… algo de tantes coses, per está muertos y enterrats allí.

Recién descendidos de la montaña, caballos y vacas pastaban el verde de los prados, en continencia climática y aguantando lo que la sequía del verano ofrecía como verde, ecologista y natural.

Chía ha sido, y es, capital; y para este trabajo que presentamos la declaramos como referencia obligada. Sin Mariano ni Chía no existiría la Guinea que queremos recordar, volver y reencontrar, presentarla y contárosla a los que queráis escucharla. Enseñárosla. Haceros un homenaje…

A los que habéis hecho el viaje.
A los que, por haberlo hecho, os habéis muerto. Allí.
A los que habéis vuelto y aún no os ha dado tiempo de contarlo.
A los que os lo habéis ganado y merecido.
A los que habéis soñado con volver… y no.
A los que no os han entendido y os envidian.
A los que no podrán ir nunca… y tampoco les interesa… ¿o sí?
A los que quieren saber la verdad de tan increíble aventura.
A los que aún están allí.
A los que, cuando vuelvan todos, nos contarán casi todo.
A los que tendrán que seguir investigando y ampliando esto que nosotros solo hemos comenzado.
A los que tendremos que rendir un homenaje por una emigración… más lejana que la francesa de este otro lado.
A los que, muertos y enterrados allí, algo nos tendrán que decir… algo de tantas cosas, por estar muertos y enterrados allí.

La lleyenda de Mariano

La leyenda de Mariano

El Campo Llargo

La serra de Chía ha estau y ye la may de totes les lleres d'ista ball. La pedra grisa, ta no sé parda de tot, baixe a lliterrades cuan se diborsie de la cantera més altera. Cuan pllou y se bañe, tota la llera pllena pllore en coló gris oscuro. Ye maja y fa uló. Una uló a pedra callisa bañada u chupida… alto a la serra de Chía. D'unes cuantes d'ixes pedres alliterrades se ba fé el Campo Llargo. El de Castán. Una casa del llugá que yere el llugá d'ixa casa. Pedregals desbarajustats y espantats baixaben dan la forsa de l'aigua la costera; la pedregada de graniso achudabe a esllisá tot lo que siempre ha anau cara t'abaixo. Y tamé, igual que altros prats del costau, ba naixé, apedregalau, el Campo Llargo.

Allí, un día d'un an de sagués del siglo de antes del pasau (siglo XIX y década de 1890), ba yabre un escunse: Mariano de Castán ba aná a llaurá aquell campo pedregal. No quede guaire lluen de casa, pero dan els bous, la burreta y els machos, dan els aladros, chugo y tot lo que calebe llebá ta semejante fayena, tremolabe la pasiensia de besties y persona. Tamé l'alforcha y la "gasolina" que un ome chobe empllegue ta treballá s'han d'amenisté. Aixi se febe llargo cualquier camino curto. Ara s'i ba dan coche u tractor per pistes amagades de freixes, buixos y parets de pedres que han parau el tems y abrasen de cariño les bogues de praus, finques, güerts… y tot lo que s'amague a la sombra y caló de la serra. De Chía.

Yo, a Mariano, que el conesco per foto y ya de ome serio, rico, treballadó y emprenedó cardigaso, me'l beigo aixi aquell maitino de tantos altros. Fa fresquet al salre de casa,

El Campo Largo

La sierra de Chía ha sido y es la madre de todas las *lleras* de este valle. La piedra gris, para no ser parda del todo, baja en aludes cuando se divorcia de la cantera más alta. Cuando llueve y se moja, la *llera* entera llora en color gris oscuro. Es bonita y huele bien. Un olor a piedra caliza, mojada o empapada… arriba en la sierra de Chía. De unas cuantas de esas piedras, desprendidas y desbocadas, se hizo y nació el Campo Largo. El de Castán. Una casa del pueblo que era el pueblo de esa casa. Pedregales desbarajustados y asustados bajaban con la fuerza del agua la pendiente; la pedregada de granizo ayudaba a resbalar todo lo que siempre ha ido cara abajo. Y también, lo mismo que otros prados de alrededor, nació, *apedregalado*, el Campo Largo.

Allí, un día de un año de finales del siglo de antes del pasado (siglo XIX y década de 1890), se produjo una casualidad: Mariano de Castán fue a labrar aquel campo pedregal. No queda muy lejos de casa, pero con los bueyes, la burrita y los machos, con los arados, el yugo y todo lo necesario que conlleva semejante trabajo, temblaba la paciencia de animales y personas. También la alforja y la "gasolina" que un hombre joven emplea para trabajar son absolutamente necesarias. Así se hacía largo cualquier camino corto. Hoy en día se va allí con coche o tractor por pistas escondidas de fresnos, bojes y paredes de piedra, que han detenido el tiempo y abrazan con cariño los lindes de prados, fincas, huertos… y todo lo que se esconde a la sombra y calor de la sierra. De Chía.

pero entre aparejá les besties, apañales la carga, repllega-hue tot… encomenses a entrá en caló. Ixa caló que te durará tot el día y que te fará sudá el pan no solo dan la fren, sinó dan tot lo demés. Dan tot. La sudó, cuan se llaure, bañe als bous, al llauradó… y al macho fermau que espere a la sombra ta torná a cargase de tardis lo que ha portau de maitino.

Cuan s'arribe al tajo (ara ye Campo Llargo), solo un pitarroy brinque per una barrera y repase de rameta en rameta lo que ye el suyo *hábitat* (según se diu ara, pero que a la begada no se dibe nada). Se mire el "panorama" y se minche, picotián molto, un garrabón que encara no ye maduro. Els bous fan de bous y no s'enteren de lo que pase a les parets y tampoc a les barreres. Pensen en llaurá y arrastrá les pedres que l'aladro, u pió, la bertedera, repllegue a la punta de derré de ixo imbento que desde fa molto tems ye romano. El macho y la burreta no disen res perque encara no han arribau les mosques. Fermats… ¡y a callá!

Mariano calle sin pensá. Aixó se fa a begades cuan se tiene mol cllaro lo que ye el conductismo, sin sabre lo que ye, cllaro. Y encomense a llaurá. Bous y Mariano llaurán el Campo Llargo. Se diu així per lo llargo que ye. Coste arribá a l'altra punta, cuan se fa un suco, entre dreto y torseu, que se bey… desde l'altra punta. Puyada y baixada, que ye lo mismo pero al rebés, llaurán de barrera d'alto a la d'abaixo. Yei que torná a fé un suco, igual de dreto u igual de torseu. Ye nabegá la terra… T'i puets trobá llebons, moltes pedres, trosos de burrucs de terra dura y sin estripá, te puets trobá,

Yo, a Mariano, que lo conozco por fotos y ya como hombre serio, rico, trabajador y emprendedor *cardigaso*, me lo imagino, y así lo veo, aquella mañana como tantas otras. Hace fresquito al salir de casa, pero entre aparejar las bestias, acomodarles la carga, recogerlo todo… comienzas a entrar en calor. Ese calor que te durará todo el día y que te hará sudar el pan no solo con la frente, sino con todo lo demás. Con todo. El sudor, cuando se labra, empapa a bueyes, al labrador… y al macho atado que espera a la sombra para volver a cargarse por la tarde lo que ha traído por la mañana.

Cuando se llega al tajo (ahora es Campo Largo), solo un petirrojo salta por una barrera y analiza de rama en rama lo que es su *hábitat* (según se dice ahora, pero que entonces no se decía nada). Se mira el "panorama" y se come, picoteándolo mucho, un agavanzo que aún no está maduro. Los bueyes hacen de bueyes y no se enteran de lo que pasa en las paredes y tampoco en las barreras. Piensan en labrar y arrastrar las piedras que el arado, o peor aún, la vertedera, recoge en la parte posterior de ese invento que desde hace mucho tiempo es romano. El macho y la burrita no dicen nada porque todavía no han llegado las moscas. Atados… ¡y a callar!

Mariano calla sin pensar. Eso se hace a veces cuando se tiene muy claro lo que es el conductismo, sin saber lo que es, claro. Y empieza a labrar. Bueyes y Mariano labrando el Campo Largo. Se llama así por lo largo que es. Cuesta llegar a la otra punta, cuando se hace un surco, entre derecho y torcido, que se ve… desde la otra punta. Subida y bajada,

El siño Joaquín, de Sastre d'Ansils. Llaurán a la ball de Benás coma s'ha llaurau tota la bida: dan l'aladro, el chugo y els bous chuñits; dan la sudó dels bous y del llauradó.

El señor Joaquín, de Sastre de Anciles. Labrando en el valle de Benasque como se ha labrado toda la vida: con el arado, el yugo y los bueyes uncidos; con el sudor de los bueyes y del labrador.

¡oy, rediolo!… una pedrota tan gorda que el mapa-guía-ruta no te contabe lo que le podebe pasá a l'aladro.

Així "nabegabe" el Mariano de a la begada pel Campo de Castán. Fen "poesía" de suco a suco, de pedres y llebons arrincats per la sudó dels bous y la fren de l'ome, que le arribabe hasta els dits dels peus de les abarques. Pero una pedra traidora esperabe, amagada, dichós de terra, ta trencale alló que yere del tot presiso: la rella de l'aladro, l'aladro mismo, el timón, desconectau de tanta artesanía de madera y ferri. ¡¡Rediolo!! Tot ba quedá patestalto: sinsentiu els bous, el chugo, la sudó de les besties u la suya propia y l'alforcha penchada a una branca de freixe pompudo, sin guaire a dintro.

Així, disen, que ba está. Així mos credem que ba pasá. Allí se ba bere cllaro, una begada més, que les coses no son coma encomensen sinó coma acaben. Tal begada, coma busaltros querguets, Mariano hu ba entenre tot per la suya cuenta. Ba bere que el pitarroy pillabe un llombriguet del campo, a mitá llaurá, y se'l fotebe, contén per podese quedá un día més a la barrera. Ell ba entenre, al bere el moixonet, que mai poríe sé pitarroy… a Chía.

Yei rabies que fan caminá aprisa. Així, ba marchá Mariano ta casa. Ba arribá y no ba di res. Al puyá tal cuarto, dan una poca d'aigua a la palangana en ba tinre prou… ta no llabase coma cal.

El pañuelo fardero, que tenibe dintro d'un baul, el ba trobá sin rebolcalo. No yebe casi res més… El ba piá, posan-ie dintro uns calsonsillos, unes camises y uns tricots. Al baixá

que es lo mismo pero al revés, labrando desde la barrera de arriba a la de abajo. Hay que volver a hacer un surco, igual de derecho o igual de torcido. Es navegar la tierra… Te puedes encontrar trozos de yermo, muchas piedras, trozos de bolos de tierra dura y sin destripar, te puedes encontrar, ¡oy, rediolo!…, una piedrota tan gorda que el mapa-guía-ruta no te describía lo que le podía pasar al arado.

Así "navegaba" el Mariano de aquella época por el campo de Castán. Haciendo "poesía" de surco a surco, de piedras y yermos arrancados por el sudor de los bueyes y el sudor de la frente del hombre, que le llegaba hasta los dedos de los pies de las abarcas. Pero una piedra traidora esperaba, escondida bajo tierra, para romperle lo que era más necesario: la reja del arado, el arado mismo, el timón, desconectado de tanta artesanía de madera y hierro. ¡¡*Rediolo!!* Todo quedó patas arriba: sin sentido los bueyes, el yugo, el sudor de las bestias o el suyo propio, ni siquiera la alforja colgada, sin gran cosa dentro, en una rama de un fresno grande y frondoso.

Así dicen que ocurrió. Así nos creemos que pasó. Allí se vio claro, una vez más, que las cosas no son como comienzan, sino como terminan. Tal vez, como vosotros queráis, Mariano lo entendió todo por cuenta propia. Vio que el petirrojo cogía una lombriz del campo, a mitad de labrar, y se la comía, contento de poderse quedar un día más en la barrera. Él entendió, al ver al pajarito, que nunca podría ser petirrojo… en Chía.

Hay enfados que obligan a caminar deprisa. Así, marchó Mariano a su casa. Llegó y no dijo nada. Al subir a la

ta la cosina ba di que se n'anabe sin sabre ni sisquiera t'agón. De lo que ba podé pensá, di y fé la familia, ademés de que no hu sabem, calríe no pensa-hue. Disen que le ban dixá 50 pesetes de les que yebe a Chía… y disen que ba marchá congustro t'abaixo. Disen tamé més coses pero, encara que se sepien, ell no les ba di ni ta que les sabesen ni en ta que se contasen. Així que arribats així, el lectó ye amo y siñó de preguntale al protagonista "todo cuanto desde la intemporalidad quiera o pueda responder".

Els tricots ban arribá a Guinea… y tal begada serién els únicos de tot el continent y la isla de la capital, Santa Isabel de la Guinea Ecuatorial.

Güe e estau al Campo Llargo: Fernando, que i ha guardau les baques, m'ha contau agón son enrunades les animalades de pedres que baixaben de la serra de Chía. Se fa de nit y un airet fresco al Box le llebe la contraria al del Turbón. Ara no se llaure. Ye paixentero. El bestiá minche la yerba que sall dels sucos que Mariano ba dixá de llaurá. Demá alomilló plourá según "el parte" de les boires que yei a la serra. De Chía. El pitarroy ya deu d'está dormín y la barrera s'ha dixau creixé una peluca d'abellaneres, freixes, arañons y barses.

Me despido de Fernando donanle les grasies per tot lo que m'ha contau y prengo una pedra del bell mich del campo ta llebámelene de recuerdo. Ye lo més pareseu a un *teléfono móvil*. A l'altra man (¿d'agón?) Mariano mos diu: "De Chía y de Bilanoba…, no sabets res de res…, pero lo que contets, conta't-hue be". Y yo m'en boy ta casa, ta fele caso.

habitación, con un poco de agua en la palangana tuvo bastante… para no lavarse como Dios manda.

El pañuelo fardero, que tenía dentro de un baúl, lo encontró sin revolver. No había casi nada más… Lo ató, poniendo dentro unos calzoncillos, unas camisas y unos jerséis. Al bajar a la cocina, comunicó que se iba sin saber ni siquiera adónde. Lo que pudo pensar o decir y cómo debió de reaccionar la familia, además de que no lo sabemos, sería mejor no imaginarlo. Dicen que le dejaron 50 pesetas de las que había en Chía… y dicen que se marchó congosto abajo. Dicen también otras cosas pero, aunque se sepan, él no las dijo ni para que las supiésemos ni para que se contasen. Así que, llegados a este punto, el lector es amo y señor de preguntar al protagonista todo cuanto desde la intemporalidad quiera o pueda responder.

Los jerséis llegaron a Guinea… y tal vez fueron los únicos del continente y de la isla de la capital, Santa Isabel de la Guinea Ecuatorial.

Hoy he visitado el Campo Largo: Fernando, que allí ha guardado las vacas, me ha señalado dónde se hallan enterrados los grandes contingentes de piedra que bajaban de la sierra de Chía. Se hace de noche y un airecillo fresco del Box le lleva la contraria al del Turbón. Ahora ya no se labra. Es pacedero. Los animales comen la hierba que sale de los surcos que Mariano dejó de labrar. Tal vez mañana llueva, según "el parte" de las nubes que hay en la sierra. De Chía. El petirrojo debe de estar ya durmiendo y la barrera se ha dejado crecer una peluca de avellanos, fresnos, arañones y zarzas.

De Chía a Barselona…, u tan que Dios quergue

"Ba tirá la boina y, tan que se le'n ba llebá l'aire, t'allí ba aná ell". Aixi hu diu uno de Chía.

A la mía cabesa le fa goy pensá que un pilsán que tenibe el niedo feto a unes mates dichós de la Encontrada l'ase bisto baixá. Caminán lo que una costera demane hasta arribá al Ru, antes de torná a puyá y pasá els congustros. Ta la chen de la ball els congustros siempre han seu, sin sabe-hue, coma ta César el Rubicón: pasá els congustros cara ta Seira ye marchá de la ball. Ye anásene…

El pilsán se ba estrañá de bere a un ome dan un pañuelo fardero al moscllo. Els pilsans yei begades que son aixi… Pero no suelen di res de lo que pensen. Aquell pilsán yere de Chía, coma ya s'entene per lo dito.

Me despido de Fernando dándole las gracias por toda su información y recojo una piedra justo en medio del campo para llevármela de recuerdo. Es lo más parecido a un teléfono móvil. En el otro lado (¿de dónde?), Mariano nos dice: "De Chía y de Villanova…, no sabéis nada de nada…, pero lo que contéis, contadlo bien". Y yo me voy a casa para hacerle caso.

De Chía a Barcelona…, o adonde Dios quiera

"Lanzó la boina y, hacia donde se la llevó el viento, hacia allí fue él". Así lo expresa un habitante de Chía.

A mi cabeza le gusta pensar que un pájaro pinzón, que había hecho su nido en unos matorrales justo debajo de la Encontrada, lo vio bajar. Sí, lo vio bajar. Andando lo que la pendiente requiere hasta llegar a El Run, como preámbulo para iniciar de nuevo la subida y la cuesta para atravesar los congostos. Para la gente del valle, sin ser conscientes, los congostos siempre han sido como lo que para César fue el Rubicón: atravesar los congostos en dirección a Seira es dejar el valle. Es irse…
El pinzón se extrañó al ver a un hombre con un pañuelo fardero al hombro. Los pinzones, a veces, son así… Pero no suelen decir nada de lo que piensan. Aquel pinzón era de Chía, como puede deducirse de lo que acabamos de decir.

LA LEYENDA DE MARIANO

Chía: según y fen garbes al peu de la serra.

Chía: segando y haciendo gavillas al pie de la sierra.

La isla de Fernando Poo
hasta la entrada de 1900

La isla de Fernando Poo
hasta la entrada de 1900

El país

¿Com ye aquell país? Guinea Ecuatorial se trobe a la man ecuatorial de África, al golfo de Guinea. Un tros del suyo territorio ye continental y se toque dan Camerún y Gabón y done tal océano Atlántico. L'altro tros ye insular y son les isles de Annobón, Corisco, Elobey Gran, Elobey Chico y la que en tems de la colonisación se dibe *Fernando Poo* y desde 1968 (que les ba arribá la independensia) se diu *Bioko*.

La isla de Fernando Poo ye més en t'alto de la Guinea continental, a uns 40 quilómetros de la costa de Camerún; ye una isla bolcánica, montañosa y mol bert, dan molto bosque, més pareseda a la selba d'Ansils que a la serra de Chía. Y una costa en molta pedra y poca terra.

No ye masa gran; ocupe uns 2017 quilómetros cuadrats. Yei tres montañes grans que son cráters de bolcans amortats; al norte igué la alsada més gran, el pico Basile, de 3011 metros, que ocupe més de la mitá de la isla; y al sur se llebanten dos calderes bolcániques, la caldera de Luba (2061 metros) y el pico Biao (2009 metros).

El paisache de la isla ye emboscau, pllagau de balls fondes, barrancos y ríos que creixen molto ta la temporada de plloure, y ye ensementau per mols cráters; a la caldera de Luba se ubre un cráter que tiene un forau de més de 5 quilómetros d'ampllo. La isla tiene el solero de laba del bolcán, mol bueno en ta cultibá el cacau.

El cllima ye ecuatorial; la temperatura micha de l'an biene a está d'uns 25 ºC; al cabo de l'an biene a plloure una

El país

¿Cómo es aquel país? Guinea Ecuatorial se encuentra en la zona ecuatorial de África, en el golfo de Guinea. Una parte de su territorio es continental y limita con Camerún, Gabón y el océano Atlántico. La otra parte es insular y está formada por las islas de Annobón, Corisco, Elobey Grande, Elobey Pequeño y la que en tiempos de la colonización era *Fernando Poo* y desde 1968 (año en que tuvo lugar la independencia) se llama *Bioko*.

La isla de Fernando Poo está más al norte que la Guinea continental, a unos 40 kilómetros de la costa de Camerún; es una isla volcánica, montañosa y muy verde, con mucho bosque, más parecida a la selva de Anciles que a la sierra de Chía, y una costa con mucha roca y poca tierra.

No es muy grande; ocupa unos 2017 kilómetros cuadrados. Hay tres montañas grandes que son cráteres de volcanes en reposo; al norte se encuentra la mayor altura, el pico Basile, de 3011 metros, que ocupa más de la mitad de la isla, y al sur se elevan dos calderas volcánicas: la caldera de Luba (2061 metros) y el pico Biao (2009 metros).

El paisaje de la isla es boscoso, con valles hondos, barrancos y ríos que crecen mucho en la época de lluvias y muchos volcanes diseminados por el territorio; en la caldera de Luba se abre un cráter que tiene más de 5 kilómetros de diámetro. La isla tiene el suelo de lava volcánica, muy bueno para el cultivo del cacao.

El clima es ecuatorial. La temperatura media del año viene a ser de unos 25 ºC; a lo largo del año llueve una media de

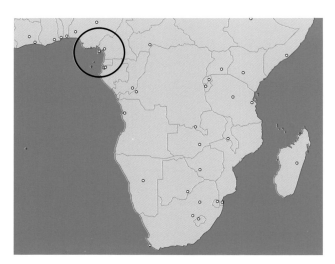

Guinea Ecuatorial: el suyo puesto a Africa.
Guinea Ecuatorial: su situación en África.

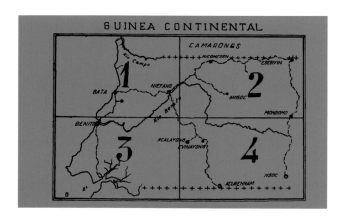

micha de més de 2000 mililitros a casi tot el país y te trobes una umedá del 90%. Yei dos estasions: una de plloure, que a la isla suele encomensá el mes d'abril y dure hasta nobiembre, y un altra que se diu *la seca* y que acostumbre a durá de disiembre a abril.

La istoria

Els europeus ban descubrí la isla ta l'an 1471; ban está uns marinés portuguesos que se diben Fernão do Póo y Lope Gonzales. Cuan la ban descubrí la ban bautisá dan el nom de *Formosa* per lo maja que yere, y més tardi le ban di *Fernando Poo*; dan la independensia de Guinea (1968) ban pasá a dile *Bioko*, que ye el nom d'ara. Desde ista fecha ba pertenesé a Portugal tres siglos; la bida que se llebabe al golfo de Guinea yere de trata de negros u de comersio d'escllabos, coma se quergue di; el golfo estabe dominau sobre tot pels ingleses y els olandesos, que compraben els escllabos y a cambio donaben armes de foc, pólbora y tabaco; els escllabos els nimbiaben tals puestos de América agón teniben pllantasions.

El 11 de marso de l'an 1778 la isla de Fernando Poo ba pasá a mans españoles per un tratau que ban fé España y Portugal: ba está el tratau del Pardo. Portugal le ba doná a España les isles de Fernando Poo, Corisco y Annobon y el territorio costero. En t'abril d'aquell mismo an, sallibe desde Montebideo (Uruguay) una espedisión española que se'n encargaríe de penre posesión de les isles. Ista espedisión, que arribabe en ta octubre, acabaríe en un desastre: la resistensia de la chen del país, les fiebres, la falta de minchá,

más de 2000 mililitros en casi todo el país y hay una humedad del 90%. Hay dos estaciones: una de lluvias, que en la isla suele empezar en el mes de abril y dura hasta noviembre, y otra que se llama *la seca*, que acostumbra a durar de diciembre a abril.

La historia

Los europeos descubrieron la isla en el año 1471: fueron unos marineros portugueses que se llamaban Fernão do Póo y Lope Gonzales. Cuando la descubrieron la bautizaron con el nombre de *Formosa* por lo bonita que era, y más tarde la llamaron *Fernando Poo*; con la independencia de Guinea (1968) se pasó a denominar *Bioko*, que es el nombre actual. Desde esa fecha perteneció a Portugal durante tres siglos; en esa época en el golfo de Guinea había trata de negros y comercio de esclavos; el golfo estaba dominado sobre todo por los ingleses y los holandeses, que compraban esclavos y a cambio ofrecían armas de fuego, pólvora y tabaco; los esclavos eran enviados a los lugares donde había plantaciones en América.

El 11 de marzo de 1778 la isla de Fernando Poo pasó a ser posesión de los españoles por un tratado firmado entre España y Portugal: fue el tratado del Pardo. Portugal dio a España las islas de Fernando Poo, Corisco y Annobón y el territorio costero. En abril de aquel mismo año salió de Montevideo (Uruguay) una expedición española que se encargó de tomar posesión de las islas. Esta expedición, que llegó en octubre, acabó en un desastre: la resistencia de los habitantes del país, las fiebres, la falta de comida,

La isla de Fernando Poo, ara Bioko.

La isla de Fernando Poo, ahora Bioko.

les rebueltes… ban fé que només 25 dels 150 omes que ban salre de Montebideo podesen salbase y torná. Desde aquella espedisión, la isla de Fernando Poo pasabe a la lleyenda coma un puesto dolén, y desde a la begada solo s'i ban asercá els barcos españols contades begades.

Cuan els portuguesos mos ban doná la isla de Fernando Poo, el Gobierno español tenibe una idea cllara: entrá tamé al comersio d'escllabos. A l'altra man del Atlántico teniben les isles de Cuba, Santo Domingo y Puerto Rico, que les donaben molto cotón, caña d'asucre, tabaco, café y més coses. Les coseches yeren tan grans que siempre empllegaben molta chen y la isla de Fernando Poo y la de Annobón yeren buena cantera de treballadós ta istes pllantasions.

Ban aná pasán els ans y España tenibe la isla mol abandonada, tanto que se bey que en més de sincuanta ans no i ba aná cap español. Ni de bacasions.

Fernando Poo yere una isla mol llaminera perque estabe a mol buen puesto. Els inglesos, que manaben a tot el golfo de Guinea, tamé campaben per la isla y estaben empeñats en quedásela: en ta 1807 ya no se podebe comersiá dan escllabos; en ta 1827 ban fundá la capital, Clarence (futura Santa Isabel y güe Malabo), y ban creá tamé a la isla un Tribunal que castigabe el comersio d'escllabos, dan lo que, además de maná en la ruta del comersio, l'armada británica febe de carabinera de tot el golfo. Y en ta rematá, l'an 1841 ban fé una oferta de compra de la isla que el Gobierno español ba está a punto de aseptá, pero al final no la ba benre.

las revueltas… hicieron que solamente 25 de los 150 hombres que salieron de Montevideo pudieran salvarse y volver. Desde aquella expedición, la isla de Fernando Poo pasó a la leyenda como un lugar peligroso, y a partir de entonces solo se acercaron los barcos españoles en contadas ocasiones.

Cuando los portugueses nos concedieron la isla de Fernando Poo, el Gobierno español tenía una idea clara: intervenir en el comercio de esclavos. Al otro lado del Atlántico tenía las islas de Cuba, Santo Domingo y Puerto Rico, que producían mucho algodón, caña de azúcar, tabaco, café y otros productos. Las cosechas eran tan enormes que siempre se empleaba a mucha gente, siendo la isla de Fernando Poo y la de Annobón buenas canteras de trabajadores para estas plantaciones.

Fueron pasando los años y España tuvo la isla muy abandonada; tanto que, al parecer, en más de cincuenta años no la visitó ningún español. Ni de vacaciones.

Fernando Poo era una isla muy atractiva porque estaba en un lugar estratégico. Los ingleses, que dominaban todo el golfo de Guinea, también codiciaban la isla y estaban empeñados en conquistarla: en 1807 ya no se podía comerciar con esclavos; en 1827 fundaron la capital, Clarence (futura Santa Isabel y actual Malabo), y establecieron también en la isla un tribunal que castigaba el comercio de esclavos, con lo cual, además de controlar la ruta del comercio, la Armada británica ejercía vigilancia en todo el golfo. Y, como colofón, en el año 1841 Inglaterra presentó una oferta de compra de la isla que el Gobierno español estuvo a punto de aceptar, pero al final no la vendió.

Ba está desde isto momento que ban encomensá a cambiá les coses. España se ba doná cuenta de la importansia de la isla y de lo dixada que la tenibe y ba encomensá a fé altros pllans. En la intensión de procllamá la soberanía española a les isles ban anai dos espedisions: la de Lerena ta 1843 y la de Guillemard d'Aragon ta 1845. Lo primero que se ba fé ye cambiale el nom de la capital y posale *Santa Isabel*; y se ba nombrá un gobernadó (encara que no fuese español sinó inglés).

Per un altra man, l'Estau español ba bere cllaro que el comersio de negros s'ebe acabau y calebe cambiá la idea sobre lo que se podebe fé dan les isles: ya no se podebe traficá dan escllabos; yebe que adaptase a un altro modelo que demanaben els tems y que yere el comersio legal de les materies primes que donabe la isla, tanto entre els llugás de dintro de la isla coma dan la Guinea costera y dan els altros países del costau.

En ta 1858 se ba fé un real decreto que ba sé el primer estatut de la colonia. Se le ba doná una organisasión y se ba nombrá un Consejo del Gobierno, un gobernadó, un jues, un administradó, un secretario y unes cuantes pllases d'empllegaus del Estau, entre elles un interbentó, un intérprete, un ingeniero…

Se ban nimbiá les forses terrestres y nabals, o sigue, el ejérsito y la marina, ta la defensa de la isla: 70 omes de infantería y 20 d'artillería. Se ba encargá a la Compañía de Jesús de nimbiá misionés en ta ebangelisá y amostrales als indígenes les lletres y els ofisios.

A partir de ese instante empezaron a cambiar las cosas. España se dio cuenta de la importancia de la isla y de lo abandonada que la tenía y comenzó a hacer planes. Con la intención de proclamar la soberanía española en las islas fueron dos expediciones: la de Lerena en 1843 y la de Guillemard de Aragón en 1845. Lo primero que hicieron fue cambiar el nombre de la capital y denominarla *Santa Isabel*; además se nombró a un gobernador (aunque no era español sino inglés).

Por otro lado, el Estado español vio claro que el comercio de negros se había terminado y era necesario cambiar la idea sobre lo que se podría hacer con estas islas: ya no se podía traficar con esclavos; había que adaptarse a otro modelo acorde a los nuevos tiempos y que era el comercio legal de materias primas que se producían en la isla, tanto entre los poblados interiores de la isla como con la Guinea continental y con otros países cercanos.

En 1858 se promulgó un real decreto que fue el primer estatuto de la colonia. Se configuró una organización y se nombró un Consejo de Gobierno, un gobernador, un juez, un administrador y un secretario, y se crearon plazas de empleados del Estado, entre ellos un interventor, un intérprete, un ingeniero…

Se enviaron fuerzas terrestres y navales para defender la isla: 70 hombres de infantería y 20 de artillería. Se encargó a la Compañía de Jesús que mandase misioneros para evangelizar y enseñar a los indígenas a leer y escribir y adiestrarlos en algunos oficios.

Y en cuanto a les terres, se ban doná gratis els terrenos als particulás u empreses nasionals que en ban demaná; no teniben que tributá en sinc ans y se feben amos en la única condisión de que les posasen en cultibo o les edificasen antes de dos ans. Binre desde España correbe a cuenta de l'Estau, coma tamé una achuda de 3000 reals per familia en ta aposentase.

A Santa Isabel, els depósitos de mercansíes se aliniaben a la playa esperán la nabegasión comersial del Atlántico; y per dintro de la capital les "factoríes" comersiaben dan els llugás de la isla y els abasteseben. Entre lo que se febe a la isla, l'aseite de palma yere lo més apresiau en tal comersio de dintro y fora del país; tamé beneben ñames (una espesie de trunfes), pells, gallines... A cambio d'aixó la chen de la isla comprabe tabaco, pólbora, teles y armes.

Y el Gobierno, ta poblá la isla y apañá la falta de treballadós, ba nimbiá unes cuantes espedisions; aixó sí, beniben de distintos puestos. En ta 1858 ban baixá en dos tongades 130 colonos, y al cabo de pocs mesos ya eben teniu que repatrialos a tots perque s'eben posau mol malos. En ta 1860 ban mirá de portá als "emansipats cubans"; yeren chen que eben anau d'escllabos a Cuba y ya teniben una llibertá a cambio de que treballasen sinc ans en la tutela del Gobierno. En ban arribá 200 y al cabo de sinc ans, al acabáseles ista tutela, se les ban fé unes cases a una barriada que le diben *El Congo* y se ban quedá la mitá a la isla, en unes condisions mol dolentes.

Tamé se ban portá presos; la idea yere fé de la isla una colonia penitensiaria, idea que ba aparesé unes cuantes begades

Y en cuanto a las tierras, se ofertaron gratis los terrenos a particulares o empresas nacionales que lo solicitaron; no tenían que tributar en cinco años y se convertían en amos con la única condición de que las pusieran en cultivo o edificaran en ellas antes de dos años. Viajar desde España corría por cuenta del Estado, al igual que una ayuda de 3000 reales por familia para establecerse.

En Santa Isabel, los depósitos de mercancías se alineaban en la playa esperando la navegación comercial del Atlántico; y en la capital las "factorías" comerciaban con los poblados de la isla y los abastecían. Entre los productos que se recolectaban en la isla, el aceite de palma era el más apreciado para el comercio interior y de fuera del país; también vendían ñames (una especie de patatas), pieles, gallinas... A cambio de esto los habitantes de la isla compraban tabaco, pólvora, telas y armas.

Y el Gobierno, para poblar la isla y solucionar la falta de trabajadores, envió unas cuantas expediciones; eso sí, procedían de distintos lugares. En 1858 llegaron en dos veces 130 colonos, y al cabo de pocos meses tuvieron que repatriarlos a todos porque enfermaron. En 1860 enviaron "emancipados cubanos"; estos habían sido esclavos en Cuba y obtenían la libertad a cambio de trabajar cinco años bajo la tutela del Gobierno. Llegaron 200, y al cabo de cinco años, al acabárseles esta tutela, se les hicieron unas casas en una barriada denominada *El Congo*, donde se quedaron, en malas condiciones, la mitad de ellos.

También se llevaron presos; la idea era hacer de la isla una colonia penitenciaria, idea que apareció unas cuantas veces

a la istoria de la isla. Ta 1866 en ban portá una sincuentena de la Península y 176 de Cuba, pero no les ban fé treballá, sinó que els ban nimbiá a un islote. Ta 1869 ban portá 250 deportats polítics de Cuba; entre ells yebe abogats, dotós, capellans, banqués y chen d'ofisios. Pero ban durá poco a la isla perque les ban doná pasaporte ta la Península y a cambio no podeben torná a Cuba.

Al cabo de uns ans se ba bere que les intensions yeren buenes pero els resultats prou dolens; y lo que ba pasá ye que, al marchá els ingleses de la isla, ista ba quedá despllasada de les rutes comersials britániques a l'África atlántica y ban baixá molto les operasions comersials, se ban tinre que tancá un puyal de negosios y els rics que bibiben a Fernando Poo se'n ban aná t'altros puestos del África bañada pel Atlántico. Tot aixó ba portá uns ans de baques fllaques y el Gobierno ba fé un decreto en ta l'an 1869 en el que rebaixabe els recursos y el número de persones dedicades a ista empresa. Cal contá tamé que a España ta la begada yebe una rebolusión y una crisis que aturá, y ademés ba binre la guerra de Cuba, en lo que els dinés que se nimbiaben a Fernando Poo ban baixá coma hu fan les temperatures ta l'ibert: en picau.

Y calrá arribá a primeros de 1880 ta que la isla se torne a rebiscolá y ya de una manera més segura: en istos ans el preu de l'aseite de palma, que yere lo més cultibau y més beneu al golfo de Guinea, ba caire y ba dixá d'está rentable. A la begada, en llugá de l'aseite, se ba tinre que buscá un altro cultibo, y isto ba sé el cacau. Per un altra man, y asó ye importante, se ban asegurá les comunicasions per

en la historia de la isla. En 1866 trasladaron a unos 50 de la Península y 176 de Cuba, pero no les hicieron trabajar, sino que los enviaron a un islote. En 1869 llegaron 250 deportados políticos de Cuba; entre ellos había abogados, médicos, sacerdotes, banqueros y personas con oficios. Pero duraron poco en la isla porque les concedieron pasaporte para la Península y a cambio no podían volver a Cuba.

Al cabo de unos años se vio que las intenciones eran buenas pero los resultados nefastos; lo que pasó fue que, al marchar los ingleses de la isla, esta quedó desplazada de las rutas comerciales británicas en el África atlántica y bajaron en exceso las operaciones comerciales, se tuvieron que cerrar varios negocios y los ricos que vivían en Fernando Poo se instalaron en otros territorios de la ruta atlántica. Todo ello comportó unos años de crisis económica y el Gobierno promulgó un decreto el año 1869 en el que reducía los recursos económicos y el número de personas dedicadas a este proyecto. Hay que tener en cuenta que en España había una revolución y una crisis que sofocar, y además tuvo lugar la guerra de Cuba, con lo que los dineros que se enviaban a Fernando Poo descendieron como lo hacen las temperaturas en invierno: en picado.

Hubo que llegar a primeros de 1880 para que la isla volviera a reanimarse, y lo hizo de forma más notoria: en esos años el precio del aceite de palma, que era lo más producido y vendido en el golfo de Guinea, cayó y dejó de ser rentable. Al mismo tiempo, en lugar del aceite de palma se tuvo que buscar un cultivo alternativo, y este fue el cacao. Por otro lado, y ello es destacable, se aseguraron

barco en una línia que sallibe de Barselona a menudo y prou regular. Y tamé conte que ban encomensá a ana-i les misions claretianes, que se ban dedicá a la agricultura ademés de pedricá. Pronto ban creixé els terrenos que se demanaben ta pllantá cacau y ban baixá moltes empreses de la metrópoli en dinés.

Al prinsipe se ba encomensá a cultibá tabaco, asucre, café y cacau; pronto se ba bere que el cacau les ganabe a tots y se colocabe el primero: el solero de la isla, les temperatures y el tems que fa y que se empllegue menos chen en ta treballá a les pllantasions le ba doná molta bentaja sobre els altros cultibos. Així ba está coma ba encomensá una temporada buena que arribaríe ben be a primés de siglo y que marcaríe les línies maestres ta seguí, en sus més y sus menos, hasta 1968, an en que arribaríe la independensia. El cacau ba está el cultibo que a la isla de Fernando Poo le ba doná molta bida casi un siglo; alrededó d'ell se ba montá tot a la isla, pero tot. Del suyo cultibo depenríe la prosperidá de la colonia en tots els campos: el de la chen, els dinés, els negosios… en fin, en la bida.

las comunicaciones por barco a través de una línea que salía de Barcelona con frecuencia y de forma regular. Y también fue importante que empezaran a ir misiones claretianas, que se dedicaron a la agricultura además de predicar. Pronto crecieron los terrenos que se solicitaron para plantar cacao y bajaron muchas empresas de la metrópoli con capital para invertir.

Al principio se cultivó tabaco, azúcar, café y cacao; enseguida se vio que el cacao destacaba entre todos y era el preferido: el suelo de la isla, las temperaturas, el clima y el hecho de que se emplearan menos trabajadores para trabajar en las plantaciones le dieron ventaja sobre el resto de los cultivos. De esta manera empezó un período fructífero que se inició a principios de siglo y que marcaría las líneas maestras para seguir con sus altibajos hasta 1968, año en que tendría lugar la independencia. El cacao fue el que a la isla de Fernando Poo le dio vida casi un siglo; a su alrededor se montó absolutamente todo en la isla. De este cultivo dependió la prosperidad de la colonia en todos los campos: el de las personas, el de los capitales, el de los negocios… en fin, en la vida.

Els Gozos de Santa Quiteria

Los Gozos de Santa Quiteria

La Birgen de Quiteria puede dise que yere la que se'n cuidabe de guardá a la chen de la ball de Benás que baixabe a treballá a Guinea. A Chía s'encomanaben a la Birgen de la Encontrada cuan marchaben u tornaben de biaches llargos. Pero, encara güe, els més biejos de per así, se n'acorden de santa Quiteria. El nom de la santa, per así, ye doble: ta unos ye *Quiteira* y t'altros *Quiteria*. La ermita se trobe entre Bilanoba y Chía. Ba está mol benerada ta la temporada en que de Chía y dels llugás d'alrededó yebe chen que esteben a Guinea treballán, y a begades, moltes begades, patín.

Transcribim istos gozos, que tal begada ban pasá per la cabesa de mols pero que digú ba resitá mai.

Santa Quiteria, Quiteira

¡Ay! Birgen de la Quiteria,
patrona y siempre señora,
ara ye el momento y ora
d'achudá a tanta miseria.

Som pobres a ista llera,
t'alto u t'abaix si se mira,
si s'achunta u s'estira,
la fame no tiene espera.

Achúdamos als papudos
y tamé als cardigasos.
Estás entre llera y llera,
y dan ista bida perra
no podem doná més pasos
sin sentimos siempre mudos.

De la Virgen de Quiteria podemos decir que era la que "se encargaba" de proteger a las personas de este valle que marchaban a trabajar a Guinea. En Chía también, y sobre todo, se encomendaban a la Virgen de la Encontrada cuando debían hacer ida y vuelta de largos viajes. Pero aún hoy es el día que los más viejos del lugar se acuerdan de santa Quiteria. El nombre de la santa por aquí tiene dos versiones de pronunciación: para unos es *Quiteira* y para otros *Quiteria*. La ermita se encuentra, lo que de ella queda, en piedras de ruina, en los límites del monte entre Villanova y Chía. Fue especialmente venerada durante la época en que de Chía y pueblos vecinos había gente en Guinea trabajando, y a veces, muchas veces, sufriendo.

Transcribimos estos gozos, que tal vez existieron imaginados en las mentes de muchos pero nadie supo o pudo recitar nunca jamás.

Santa Quiteria, Quiteira

¡Ay! Virgen de la Quiteria,
patrona y siempre señora,
ahora es momento y hora
de ayudar a la miseria.

Pobres somos en la *llera*,
con la altura que se mira,
si se encoge o estira,
el hambre no tiene espera.

Ayuda a los papudos,
también a los *cardigasos*.
Estás entre *llera* y *llera*,

¡Ay! Birgeneta Quiteira,
y desde Chía a Seira,
cuan bedem tamé El Run,
ya no anem més al tun tun.

Al Ru i nimbiabe Mallo
ta reparti-hue Belayo:
arribaben moltes coses
y les puyaben sabroses.

Plátanos, café y cacau,
aseite, asucre y frutes.
Lo que así mai s'ha catau
arribabe d'altres rutes.

De Chía y Benás ban
de fiesta, treball y putes
si al torná se feben ricos.
Les montañes ¿yeren picos?
¡Les eben pasau canutes!

¡Ay! Birgeneta Quiteira,
¡que tirem tots ta debán!,
per ista u l'altra man.
Bendísemos ista llera
y… ¡que siga lo que Dios quera!

y con esta vida perra
no podemos dar más pasos
sin sentirnos siempre mudos.

¡Ay! Virgencita Quiteira,
y desde Chía hasta Seira,
cuando ya vemos El Run,
ya no vamos al tun tun.

Al Run enviaba Mallo
para repartir Velayo:
nos llegaban muchas cosas
y las traían sabrosas.

Plátanos, café y cacao,
aceite, azúcar y frutas.
Lo que aquí no se ha catao
llegaba de otras rutas.

De Chía y Benasque van
de fiesta trabajo y putas
si al volver se hacían ricos.
Las montañas ¿eran picos?
Las pasaron muy canutas.

¡Ay! Virgencita Quiteira,
¡que vayamos adelante!,
por esta u otra parte.
Bendícenos esta *llera*
y… ¡que sea lo que Dios quiera!

Ta la fiesta Chía, dan la música de la Chinchana, ballen el ball de Chía els *cardigasos*.

Para la fiesta de Chía, con la música de la Chinchana, bailan el baile de Chía los *cardigasos*.

Y Mariano baixe ta Guinea

Y Mariano baja a Guinea

Ya fa més de sen ans

Ba está a les puertes de 1900 cuan ba arribá el nuestro Mariano a Guinea. Ya fa més de sen ans, que se diu pronto.

En aquells ans la chen de la ball no acostumbrabe a bochase guaire d'istos llugás; coma molto crusaben el puerto y pasaben a Fransa a esfonsá, u baixaríen ta Graus u Barbastro, pero poco més; entre altres ragons, perque les comunicasions esteben mol malamén. La carretera que ba de Benás a Campo encara no yere feta y calebe baixá a caball y bell tros a peu; de Campo a Graus en tartana y de Graus a Barbastro en diligensia. Entre pitos y flautes, un día y mich no te'l sacabe digú.

En aquells ans, la chen de per así puestá que no ase sentiu mai charrá de Guinea; puestá que no sabese ni agón yere; puestá que a la escuela ni se nombrase u alomilló a la escuela ni s'i anabe. Aná ta Guinea seríe coma aná al fin del mon, perque en barco benríe a costá més que menos un mes. Algo menos de lo que ba tardá Colón en arribá a América.

En ixa época, un montañés, en lo freda que baixe l'aigua de les montañes, l'empllegabe chusto ta mal llabase els güells. Disen per así que cuan l'aigua l'arribabe al cllabillero ya s'ufegabe. Per aixó, ta les persones, se febe balre al peu de la lletra aquell dito d'isto país referiu a les güelles: "Aigua, poca y per la boca". Ara podem bere a uno d'istos montañesos, colau al mich del mar treinta u cuaranta díes, bedén sielo y aigua, sin podé salre del barco ni chafá terra firme, y sin sabre nadá. ¡Ta marease! ¡Menuda penitensia y menuda po!

Ya hace más de cien años

Fue a las puertas de 1900 cuando llegó nuestro Mariano a Guinea. Ya hace más de cien años, que se dice pronto.

En aquellos años la gente del valle no acostumbraba a moverse demasiado de estos pueblos; como mucho cruzaban el puerto y pasaban a Francia a *esfonsá*, o bajaban a Graus o a Barbastro, pero poco más; entre otras razones, porque las comunicaciones estaban muy mal. La carretera que va de Benasque a Campo todavía no estaba hecha y hacía falta bajar a caballo y algún trozo a pie; de Campo a Graus en tartana y de Graus a Barbastro en diligencia. Entre pitos y flautas, un día y medio no te lo quitaba nadie.

En esa época, puede que la gente de por aquí no hubiera oído hablar nunca de Guinea, puede que no supiera ni dónde estaba, puede que en la escuela ni se nombrara, o tal vez a la escuela ni se iba. Ir a Guinea sería como ir al fin del mundo, porque en barco costaría alrededor de un mes. Algo menos de lo que tardó Colón en llegar a América.

En aquellos años, un montañés, con lo fría que baja el agua de las montañas, la empleaba justo para mal lavarse los ojos. Dicen por aquí que cuando a uno le llega el agua al tobillo ya se ahoga. Por eso, para las personas se hacía valer al pie de la letra aquel dicho de este país referido a las ovejas: "Agua, poca y por la boca". Ahora podemos imaginarnos a uno de estos montañeses en medio del mar durante treinta o cuarenta días, viendo solo cielo y agua, sin poder salir del barco ni pisar tierra firme, y sin saber nadar. ¡Para marearse! ¡Menuda penitencia y menudo miedo!

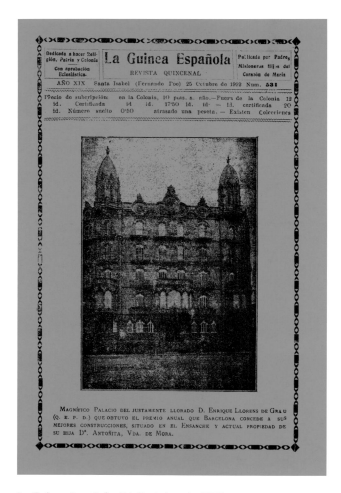

La Guinea Española, 25 d'octubre de 1922.
Casa de Antoñita Llorens, dona de Mariano, a Barselona.

La Guinea Española, 25 de octubre de 1922.
Casa de Antoñita Llorens, esposa de Mariano, en Barcelona.

En aquells ans, aná ta Guinea no yere una abentura: aná ta Guinea ¡yere de llocos! Pues astí tenits al nuestro ome, que t'allí, a la braba, ba marchá.

Y fa sen ans qui t'anabe a contá que, coma si ase estau un conquistadó, se n'arrastrarie t'allá abaixo a un fimero tan gran de chen d'isto país a probá suerte. Alguns, dos ans; altros, cuatre u sies u deu; altros, hasta trenta u més, y altros... allí s'i ban quedá. Y antes de marchá, com s'anabe a pensá Mariano que se trobarie dan un país tan diferén de la ball de Benás, tanto en el tems coma en la temperatura, tanto en les pllantes coma en els animals y en les persones. Y qui l'anabe a di al nuestro queriu cardigaso que de golpe anabe a cambiá...

El fret de l'ibert per la caló y la sudó de tot l'an.
Les trunfes, el bllau y la yerba pel cacau, el café y la banana.
La picada del tabano per la picada de la mosca tsetsé.
Els bllancos pels negros (u els morenos, coma les diben allí).
El tocho pel machete.
Y la miseria per la riquesa y més tardi la opulensia.
Per molto que l'hu contasen, ¡¡¡qué poco s'hu pensarie Mariano!!!
¡¡¡Podets estane ben seguros!!!

A lo primero ban aná baixán alguns en ta achudale, més que res els parens y els amigos de més confiansa. Pero ban pasá els ans y se ba corré la bos: "Els de Chía ban t'allá abaixo ta Guinea; disen que allí yei molta fayena y se pueden fé cuartos". Y a lo llargo de uns sesenta ans ba está coma un goteo: desde Sarllé al Ru, y desde Chía a Les Paúls, de tots els llugás del país ba marchá chen, ¡de tots! (nem

En aquellos años, ir a Guinea no era una aventura: ir a Guinea ¡era de locos! Pues aquí tenéis a nuestro hombre, que para allí, a la brava, marchó.

Y hace cien años quién te iba a contar que, como si se tratase de un conquistador, se arrastraría a un grupo tan grande de gente de este país a probar suerte. Algunos, dos años; otros, cuatro o seis o diez; otros hasta treinta o más, y otros… allí se quedaron. Y antes de marchar, cómo se iba a pensar Mariano que se encontraría con un país tan diferente al valle de Benasque, tanto en el clima como en la temperatura, tanto en las plantas como en los animales y en las personas. Y quién le iba a decir a nuestro querido *cardigaso* que de golpe iba a cambiar…

El frio del invierno por el calor y el sudor de todo el año.
Las patatas, el centeno y la hierba por el cacao, el café y la banana.
La picada del tábano por la de la mosca tsetsé.
Los blancos por los negros (o los morenos, como les decían allí).
El palo de guardar las vacas por el machete.
Y la miseria por la riqueza y más tarde por la opulencia.
Por mucho que se lo contaran, ¡¡¡qué poco se lo pensaría Mariano!!!
¡¡¡Podéis estar bien seguros!!!

Al principio fueron bajando algunos para ayudarle, más que nada los parientes y los amigos de más confianza. Pero al pasar los años se fue corriendo la voz: "Los de Chía van para allá abajo, a Guinea; dicen que hay mucho trabajo y se puede hacer dinero". Y a lo largo de unos sesenta años

La Guinea Española, 10 de setiembre de 1922.
La Guinea Española, 10 de septiembre de 1922.

contau més de 120). D'uns llugás en baixaríen uno u dos; d'altros, micha dosena, y d'altros mich llugá. Y de Chía…, de Chía yebe més chen a Guinea que a Chía.

Pero no solo de la ball, sino que podem mirá t'abaixo, ta la dreta y ta la esquerra: Seira, Barbaruens, Campo, Graus, Barbastro, Saragosa, Chistau, La Fueba, Pon de Suert…, de tot arreu. ¡Ba está lo que se diu una escampada!

Els primés

El suyo nom completo yere Mariano Mora Abad y yere de Casa Castán de Chía. Una cosa ye la lleyenda y otra lo que de berdá ba pasá. No se sabe del tot cllaro, pero d'entre lo que disen (que si treballabe la terra y no le febe masa goy, que si estudiabe dan els claretians), lo més seguro y lo que més forsa cobre ye que ebe estudiau en els claretians a Barbastro y de la man d'ells ba marchá ta Guinea y tot el tems que i ba está se ban achudá y demostrá apresio, amistá y admirasión.[1]

[1] En ta 1870, uns cuans claretians eben puyau a la ball de Benás a la misión: eben estau un tems corrén llugá per llugá tota la ball de Benás (tamé per Chía) ta fé que la chen tornase a creure y a practicá els sacramens. En ta 1876 ban fundá a Barbastro un colegio a la Casa de los Padres Misioneros agón formaben a mosets que més tardi acabaríen coma misionés. Solo en el saguer cuarto del siglo XIX ban pasá per isto colegio més de 800; resibiben uns cursos en ta formase y dispués marchaben a fé les misions per tot el mon. Tamé en yebe que anaben a Guinea. Tot aixó poríe espllicá que, si Casa Castán de Chía mantenibe buenes relasions dan els claretians y Mariano estudiabe dan ells, el combidasen a marchá ta Fernando Poo.

fue como un goteo: desde Cerler a El Run, y desde Chía a Las Paúles, de todos los pueblos de este país marchó gente, ¡de todos! (hemos contado más de 120 personas). De unos pueblos bajarían uno o dos; de otros, media docena, y de otros medio pueblo. Y de Chía…, de Chía había más gente en Guinea que en Chía.

Pero no solo del valle, sino que podemos mirar abajo, a la derecha y a la izquierda: Seira, Barbaruens, Campo, Graus, Barbastro, Zaragoza, Gistaín, La Fueva, Pont de Suert…, de todos los sitios. ¡Fue lo que se dice una estampida!

Los primeros

Su nombre completo era Mariano Mora Abad y era de Casa Castán de Chía. Una cosa es la leyenda y otra lo que realmente sucedió. No se sabe con certeza pero, de lo que dicen (que si trabajaba la tierra y no le gustaba mucho, que si estudiaba con los claretianos), lo más seguro y lo que más fuerza cobra es que había estudiado con los claretianos en Barbastro y de su mano fue a Guinea, y que durante todo el tiempo que allí estuvo se ayudaron y se demostraron aprecio, amistad y admiración.[1]

Y todo esto, os preguntaréis, ¿cuándo fue? Pues fue para finales del siglo XIX, y la primera noticia que tenemos de su estancia en Guinea es del año 1899, y parece que había llegado recientemente. Una vez allí, se puso a trabajar como empleado del cacao; al poco tiempo se juntó con unos canarios llamados Victoriano Pérez y Rafael Romero, fundaron la empresa Pérez y Mora y comenzaron a comprar

Y tot aixó, tos preguntarets, ¿cuan ba está? Ba está ta sagués del siglo XIX, y la primera notisia que tenim de que estase a Guinea ye de l'an 1899, y parese que febe poco que ebe arribau. Una begada allí, se ba posá a treballá coma empllegau del cacau; al poco tems se ba achuntá dan uns canarios que se diben Victoriano Pérez y Rafael Romero, ban fundá la empresa Pérez y Mora y ban encomensá a comprá terrenos en ta desboscá y pllantá cacau y café: les primeres finques que ban comprá se diben *Sampaka* y *Constancia*.

Al cabo d'uns ans ban aná a achudale els primés familiars: t'agosto de 1908 ba arribá Joaquín Mallo y ta 1910 su chermano Jesús, de Casa Presín de Chía y sobrins de Mariano. Dos ans dispués, José Mora Güerri, y un poco més tardi su chermano Joaquín, de Casa Cornell de Chía y primos de Mariano. Tamé igueren Antonio Azcón, de Casa Chuansaún, Ángel Mur, de Casa Santamaría, y dos religioses que i baixaben a menudo: Julia Mora y Amparo Nerín Mora.

Tots se ban posá a treballá chuntos a la misma empresa. Una empresa familiar… perque tots yeren familia. Una empresa cardigasa perque tots yeren de Chía. Una empresa de la ball de Benás perque allí ban aná a pará a lo llargo del siglo la gran mayoría dels que ban aná de la ball, per no di tots. Una empresa que cuan ba encomensá serie coma Chía de gran y en els millós momentos serie tan gran coma la ball de Benás. U més.

Mariano, coma la chen del nuestro país, yere un ome duro. Curtiu pel fret, per les turberes, la fame y el treball; yere un

terrenos para deforestar y plantar cacao y café: las primeras fincas que compraron se llamaban *Sampaka* y *Constancia*.

Pasaron unos años y fueron a ayudarle los primeros familiares: en agosto de 1908 llegó Joaquín Mallo, y en 1910 su hermano Jesús, de Casa Presín de Chía y sobrinos de Mariano. Dos años después, José Mora Güerri, y un poco más tarde su hermano Joaquín, de Casa Cornell de Chía y primos de Mariano. También estaban allí Antonio Azcón, de Casa Chuansaún, Ángel Mur, de Casa Santamaría, y dos religiosas que bajaban a menudo: Julia Mora y Amparo Nerín Mora.

Todos se pusieron a trabajar juntos en la misma empresa. Una empresa familiar… porque todos eran familia. Una empresa *cardigasa* porque todos eran de Chía. Una empresa del valle de Benasque porque allí irían a parar a lo largo del siglo la gran mayoría de los que bajaron de este valle,

[1] En 1870 unos claretianos habían subido al valle de Benasque a la misión: habían estado un tiempo recorriendo pueblo a pueblo todo el valle de Benasque (también por Chía) para conseguir que la gente volviera a tener fe y practicara los sacramentos. En 1876 fundaron en Barbastro un colegio en la Casa de los Padres Misioneros, donde formaban a jóvenes que más tarde llegarían a ser misioneros. Solo en el último cuarto del siglo XIX desfilaron por este colegio más de 800; recibían unos cursos para formarse y más tarde marchaban a ejercer las misiones por todo el mundo. También iban a Guinea. Todo esto podría explicar que, si Casa Castán de Chía mantenía buenas relaciones con los claretianos y Mariano estudiaba con ellos, lo invitaran a ir a Fernando Poo.

ome treballadó, mol treballadó. Lo que sabem d'ell no ye per la chen que ba biure dan ell, perque ya no i son, sino per lo que disen els periódicos d'aquells tems, que charraben d'ell a menudo y mol be:

Hombre de gran tesón y perseverancia en el trabajo; con una sensatez y prudencia naturales y un don de gentes extraordinario [...] alejado del bullicio del poblado en su retiro de Constancia y de Sampaka, eran sus consejos muy buscados y solicitados por todas las autoridades que se han sucedido en la Colonia en los tres últimos lustros. Lo habían distinguido con especial cariño y amistad, honrándole no pocas veces con su visita en su hacienda, manteniendo con él estrecha y afectuosa correspondencia.
La Guinea Española, 10 de chunio de 1917

Tot aixó le ba llebá a tinre moltes influensies y ganase una buena reputasión a la isla.

Ta l'an 1913, el 15 de mayo, Mariano se ba casá. Tot lo qu'ebe conseguiu fruto del suyo treball, la suya posisión y la suya fortuna el ba llebá a casase dan una dona de una familia "de alto abolengo y acreditada nobleza" de Barselona. Ista dona se dibe Antoñita Llorens, y su pay, Enrique Llorens Grau. La boda se ba selebrá a Barselona en presensia de les primeres autoridats d'ista capital.

Pero poco le ba durá l'alegría del matrimonio perque, cuan encara no eben pasau cuatro ans, el 30 de chinero de 1917, el pobre Mariano se ba morí per una grabe malautía tropical a consecuensia dels duros treballs.

por no decir todos. Una empresa que cuando comenzó sería de grande como Chía y en sus mejores momentos sería como todo el valle de Benasque. O más.

Mariano, como la gente de este nuestro país, era un hombre duro. Curtido por el frío, por las turberas, el hambre y el trabajo; era un hombre trabajador, muy trabajador. Lo que sabemos de él no es por los que con él convivieron, porque ya no están, sino por lo que cuentan los periódicos de aquel tiempo, que de él hablaban a menudo y muy bien:

Hombre de gran tesón y perseverancia en el trabajo; con una sensatez y prudencia naturales y un don de gentes extraordinario [...] alejado del bullicio del poblado en su retiro de Constancia y de Sampaka, eran sus consejos muy buscados y solicitados por todas las autoridades que se han sucedido en la Colonia en los tres últimos lustros. Lo habían distinguido con especial cariño y amistad, honrándole no pocas veces con su visita en su hacienda, manteniendo con él estrecha y afectuosa correspondencia.
La Guinea Española, 10 de junio de 1917

Todo esto le llevó a tener buenas influencias y a ganarse una buena reputación en la isla.

En 1913, el 15 de mayo, Mariano se casó. Todo lo que había conseguido fruto de su trabajo, su posición y su fortuna le llevó a casarse con una mujer de una familia de alto abolengo y acreditada nobleza de Barcelona. Ella se llamaba Antoñita Llorens, y su padre, Enrique Llorens Grau. La boda se celebró en Barcelona con la asistencia de las primeras autoridades de la ciudad condal.

Dels que están sentats, el de la dreta ye Mariano. El peu que acompañe a la foto de la revista diu, entre altres coses: "Algo antiguo es el grabado que hoy publicamos en nuestra Revista, pues cuando menos alcanza el año de 1899" (*La Guinea Española*, 10 de mayo de 1920).

De los que están sentados, el de la derecha es Mariano. El pie que acompaña a la foto de la revista dice, entre otras cosas: "Algo antiguo es el grabado que hoy publicamos en nuestra Revista, pues cuando menos alcanza el año de 1899" (*La Guinea Española*, 10 de mayo de 1920).

A la memoria de un amigo.

Aparte de las líneas necrológicas que le dedicó "La Guinea Española" a raíz del luctuoso acontecimiento, quiere hoy ofrecerle este pequeño recuerdo uno de, sus más antiguos, sinceros y reconocidos amigos.

Aun éramos jovencitos cuando conocí a mi buen amigo D. Mariano Mora, y quiso después la Divina Providencia depararnos muy favorable ocasión para que la buena amistad que nos unió en nuestras mocedades la pudiéramos más tarde cultivar en lejanas regiones.

Siempre vi en mi buen amigo un corazón de oro que latía a impulso de los más nobles sentimientos.

De sus sentimientos religiosos, tan sólo diré que los conservó siempre muy vigorosos y arraigados, sin que fuera capaz de resfriarlos el ambiente de indiferencia y frialdad que, desgraciadamente, envuelve nuestra amada Colonia. Plenamente convencido de su entera dependencia de la Divina Majestad, a Ella, me consta positivamente, encomendaba con frecuencia su persona y todos sus bienes, implorando su auxilio para el acertado éxito de sus negocios. Para el mismo fin, no contento con su propia gestión, solicitaba muchas veces las oraciones de personas piadosas y religiosas, a quienes favorecía con sus limosnas y generosidades, sobre todo desde que empezó a experimentar como la Divina Bondad usaba con él de largueza; con el mismo fin encargaba la celebración de Misas, para las que puedo asegurar alargaba estipendios harto generosos. No se crea por esto que nuestro amigo andaba por las hojas descuidando de los frutos, porque puedo atestiguar, que el buen D. Mariano, muy al contrario de tantos cristianos falsos a cobardes, no se desdeñaba a sus tiempos de prosternarse ante el Ministro del Altísimo para, cumplido un rigorosísimo precepto, disponerse a recibir en su creyente pecho el Pan de los Fuertes.

Otros muchos detalles acerca de su religiosidad podría referir si fuera del caso, conste únicamente que más de una vez le vi prorrumpir en lágrimas cuando allá en su casita de la finca "Constancia" dirigíamos alguna plegaria a la Sma. Virgen o platicábamos sobre las bondades y excelencias de tan Celestial Señora, cuya tierna devoción, que mamó con la leche, conservaba su buen corazón.

Rasgos de su generosidad podría también contar

La Guinea Española, 10 de chunio de 1917.
La Guinea Española, 10 de junio de 1917.

Els omenaches, les muestres de doló y d'amistá ban cundí als periódicos de la isla. Mariano se ba sabre gañá l'apresio y el respeto de la chen, y la prueba ye que ans dispués de la suya muerte encara se podeben llichí escritos que el recordaben coma una persona buena y mol entrasa.

Un an més tardi, ta 1918, Joaquín Mallo, su sobrino, ya presidibe el Consejo de Besins de Santa Isabel (cargo que así, a España, seríe el de alcalde). Joaquín yere el primero de set chermans de casa Presín. Y yere el primero que ebe anau a achudale a su tío Mariano; dispués baixaríe su chermano Jesús. Yere un ome dels que se puede di que tenibe don de chens. Yere un polítics. Y desde ben chobe ya se puede di que ba encaminá la suya bida a fé carrera política, carrera que combinabe en la fayena d'empresario chunto dan su chermano Jesús y su cuñau José Mora Güerri. Els periódicos d'aquells tems le reconeixen

experiencia y talento práctico, conocimiento de los problemas palpitantes de la Colonia y tendencias de temperamento ecuánime.
La Guinea Española, 25 de marso de 1925

Estabe a tots els puestos: presidibe el Consejo de Besins y la Cámara de Comersio de Santa Isabel, la Delegasión de la Cámara Agrícola de Fernando Poo a Barselona, le ban doná la Crus de Primera Clase de la Orden del Mérito Nabal...; enfín, que febe un puyal de fayena.

Ta 1922 ba dixá está el cargo de Santa Isabel y se ba llansá a la carrera política de la metrópoli; yeren mols els biaches

Pero poco le duró la alegría del matrimonio porque, cuando todavía no habían pasado cuatro años, el 30 de enero de 1917, Mariano murió de una grave enfermedad tropical a consecuencia de los duros trabajos.

Los homenajes, las muestras de dolor y de amistad llenaron los periódicos de la isla. Mariano se supo ganar el aprecio y el respeto de la gente, y prueba de ello es que años después de su muerte se podían leer artículos que lo recordaban como una persona ejemplar.

Un año más tarde, en 1918, Joaquín Mallo, su sobrino, ya presidía el Consejo de Vecinos de Santa Isabel (cargo que aquí, en España, correspondería al de alcalde). Joaquín era el primero de los siete hermanos de Casa Presín. Y fue el primero que bajó a ayudar a su tío Mariano; más tarde iría su hermano Jesús. Era un hombre de los que se puede decir que tenía don de gentes. Era un político. Y desde bien joven ya encaminó su vida a la carrera política, que combinaría con el trabajo de empresario junto a su hermano Jesús y a su cuñado José Mora Güerri. Los periódicos de la época le reconocen

experiencia y talento práctico, conocimiento de los problemas palpitantes de la Colonia y tendencias de temperamento ecuánime.
La Guinea Española, 25 de marzo de 1925

Ejercía muchos cargos: presidía el Consejo de Vecinos y la Cámara de Comercio de Santa Isabel, la Delegación de la Cámara Agrícola de Fernando Poo en Barcelona; le

> **NOTICIAS DE NUESTRA COLONIA**
>
> **EL VAPOR «SAN FRANCISCO».** — Pasa e que condujo á Fernando Poo el vapor «S. Francisco» llegado á Santa Isabel el 17 de los corrientes.=Rdos. Padres José Galache, Juan Segú, Ramón Mercader; Hermanos José Coll, Juan Vilar, Tomás Galindo. Sres. Sebastián Delcor, Jaime Argemi, José Baró, Dª. Julia Botella, D. Antonio Fernández, Tomás Heredia, Enrique Alonso García, Dª. María Pujol, Tomás Capmany, Joaquín Rodriguez, Isidoro López y Sra., Eduardo Pons, Joaquín Malló, Francº. Ripoll, Domingo Marce, José Ligero, Juan Astroy, Rafael Casals, José Calliso Morales, Rafael Giménez, José Diácono, Germán Martinez, Jorge Reyna, Beatriz Brown é hija y criada, Nicolás Wright, Mª. Davis, comerciantes; Pedro (indigena), sirviente; D. José Mª. Aldrich, registrador; Desiderio Marcos, farmacèutico; Eduardo Cedrún, ex-diputado; Antº. González Aragón, carpintero; Rafael Fernández, jornalero; Gabriel Gálvez, oficial 3º. admón.; Joaquín Morante, id. id. id.; Rafael Lòpez, farmacéutico; Miguel Castillo, notario; Dionisio Rollán, teniente G. C.; Federico Alonso, id. id. id ; Antonio Peña, id. id. id.; Domingo Martin, Cabo id.; 23 braceros; 6 mujeres; 3 niños. Total 81 pasajeros.
>
> A todos les damos nuestra más sincera bienvenida.

Joaquín Mallo arribe a Fernando Poo en el vapor *San Francisco* (*La Guinea Española*, 25 d'agosto de 1908).

Joaquín Mallo llega a Fernando Poo en el vapor *San Francisco* (*La Guinea Española*, 25 de agosto de 1908).

entre la isla y la Península, y por fin, ta l'an 1931 ba conseguí salre elegiu coma diputau a les Cortes de Madrí per Uesca. Yere el tems de la República y se presentabe pel Partido Radical y per Unión Republicana. Tres legislatures i ba está: 1931-1933, 1933-1935 y 1936-1939. La saguera ya no ba podé acabala perque en pllena guerra, el 1 de octubre de 1938, se ba morí; disen que a un llugaret fransés mol majo que se diu Casterneau.

Si ba destacá per está un buen político y perque sabebe cuidá el trato, cal di que lo que més goy mos fa d'ell ye el gran apresio que le ba demostrá a la ball de Benás, y en espesial al suyo llugá, Chía. Aixó hu ba demostrá dan obres, dan moltes obres. En el tems que ba está coma diputau se ba fé la carretera Chía, la carretera de Seira a Barbaruens, el puen de Castilló y la carretera de Bisaurri, que més tardi arribaríe a Les Paúls y a Pon de Suert. Tamé teniben estudiau baixá l'aigua dels ibons de Saúnc a Chía, y en poco més que ase durau la República s'aríe feto. Güe ye el día en que han pasau mols ans y encara ye una idea, y els de Chía, en temporades de sequera, puyen a la ermita de la Birgen de la Encontrada a fele rogatibes en ta que pllougue.

Disen que els de Presín siempre han queriu molto al suyo llugá. Un altro de Casa Presín, Julio, sobrino de Joaquín y que tamé ha estau a Guinea molto tems, ha seguiu donanle prosperidá al llugá de Chía en els bint y sinc ans que ha feto d'alcalde.

Y mientras que per Guinea, a base de machete, s'anabe desboscán la selba y cosechán el cacau y el café, a la man

otorgaron la Cruz de Primera Clase de la Orden del Mérito Naval…; en fin, que trabajaba mucho.

En 1922 dejó los cargos de Santa Isabel y se lanzó a la carrera política de la metrópoli; eran muchos los viajes entre la isla y la Península, y por fin, en el año 1931 salió elegido diputado en las Cortes de Madrid por Huesca. Era la época de la República y se presentaba por el Partido Radical y por Unión Republicana. Estuvo durante tres legislaturas: 1931-1933, 1933-1935 y 1936-1939. La última ya no la pudo terminar porque en plena guerra, el 1 de octubre de 1938, murió; dicen que en un pequeño pueblo francés muy bonito llamado Casterneau.

Si bien destacó por ser un buen político y por sus habilidades para negociar, lo que más nos gusta de él es el gran aprecio que demostró por el valle de Benasque, y en especial por su pueblo, Chía. Lo demostró con obras, con muchas obras. Mientras fue diputado se hizo la carretera de Chía, la que va de Seira a Barbaruens, el puente de Castejón y la carretera de Bisaurri, que más tarde llegaría a Las Paúles y a Pont de Suert. También estaba en proyecto conducir el agua de los lagos de Sahún a Chía, y con poco más que hubiera durado la República se habría hecho. Hoy es el día que, pasados muchos años, continúa siendo un proyecto, y los de Chía, en tiempo de sequía, suben a la ermita de la Virgen de la Encontrada a hacerle rogativas para que llueva.

Dicen que los de Presín siempre han querido mucho a su pueblo. Otro de Casa Presín, Julio, sobrino de Joaquín y que también estuvo en Guinea mucho tiempo, ha seguido

Don Joaquín Mallo Castán
Industrial
(Republicano Radical)

> **De enhorabuena.—** En la primera quincena de Octubre contrajo matrimonio con Doña Carmen López, el acreditado comerciante y agricultor. D. Joaquín Mallo. El enlace matrimonial se verificó en Oviedo, donde tiene su residencia la familia de la Srta. López de Mallo, de la que tenemos las mejores referencias por su posición social y religiosidad.
>
> Al dar nuestra enhorabuena a D. Joaquín Mallo y Sra. les deseamos toda suerte de felicidades en su nuevo estado y que sea por incontables años.

La Guinea Española, 25 de nobiembre de 1926.
La Guinea Española, 25 de noviembre de 1926.

d'abaixo de la ball de Benás les cases buenes anaben fen les suyes alianses, emparentanse, y fen així una buena cantera d'agón salríen els amos que llebaríen les empreses de Fernando Poo. Istes families yeren els de Casa Castán (que, emparentats en Casa Betrán de Bilanoba, s'encargaríen de la finca Sampaka) y Casa Presín (que, están familia dan Casa Cornell de Chía, Casa Solana de Barbaruens y Casa Chinac de Bisaurri, gobernaríen les empreses de Mallo). Y els encargats ta les finques salríen dels demés llugás de la ball. Primero, les cases emparentades dan les cases nombrades, y dispués, els familiars dels familiars, amigos, coneixets y besins. La cadena entre la ball de Benás y Guinea yere feta y no se trencaríe hasta sagués de siglo, contán que la independensia de Guinea la ba tallá en ta 1968, pero no del tot, perque encara dispués seguibe anán y tornán chen de la ball.

Pero no yeren tot alegríes. Aquell país de Guinea, en según qué coses, yere un mal paisot tals europeus: aquella calorota que febe sudá y sudá de día y de nit, contino; y aquells mosquins, que no te dixaben ni a sol ni a sombra y que cuan te picaben a begades te podeben matá, se ban cobrá les primeres bides: Mariano en ta 1917, Joaquín Mora en ta 1918 y Agapito Mur, de Casa Santamaría, que ba arribá a la isla el 6 de nobiembre de 1916 y el 4 de febrero de 1917 ya ba caire fulminau per una d'aquelles malautíes tropicals: ¡¡¡ni tres mesos!!!

dando prosperidad al pueblo de Chía en los veinticinco años que ha ejercido de alcalde.

Y mientras en Guinea, a base de machete, se iba deforestando la selva y cosechando cacao y café, por la parte baja de nuestro valle las casas ricas iban tejiendo sus alianzas, emparentándose, y haciendo así una buena cantera de donde saldrían los jefes que dirigirían las empresas de Fernando Poo. Estas familias eran las de Casa Castán (que, emparentados con Casa Betrán de Villanova, regirían la finca Sampaka) y Casa Presín (que, con lazos familiares con Casa Cornell de Chía, Casa Solana de Barbaruens y Casa Chinac de Bisaurri, gobernarían las empresas de Mallo). Y los encargados de las fincas surgirían de los demás pueblos del valle. Primero, las casas emparentadas con las casas nombradas; después, los parientes de los parientes, amigos, vecinos y conocidos. La cadena entre el valle de Benasque y Guinea estaba enlazada y no se rompería hasta finales de siglo, excepto con la independencia de Guinea que la cortó en 1968, pero no del todo, porque después aún seguía yendo y viniendo gente del valle.

Pero no todo eran alegrías. Aquel país de Guinea, para según qué, era mal país para los europeos: aquel calor que te hacía sudar y sudar día y noche, continuamente; y los mosquitos, que no te dejaban ni a sol ni a sombra y cuya picadura podía resultar mortal, se cobraron las primeras vidas: Mariano en 1917, Joaquín Mora en 1918 y Agapito Mur, de Casa Santamaría, que llegó a la isla el 6 de noviembre de 1916 y el 4 de febrero de 1917 cayó fulminado por una de aquellas enfermedades tropicales: ¡¡¡ni tres meses!!!

> **In Memoriam.—** El día 8 de los corrientes, un Radio puesto por Don José Mora Güerri comunicaba la triste noticia del fallecimiento de Don Joaquín Mallo Castán, acaecida el día 1º de Octubre. Don Joaquín llevaba desde mediados de 1936 una salud bastante quebrantada y no obstante las diversas alternativas sufridas en ella, no ha dejado de sorprender a todos su fallecimiento. Era de los antiguos coloniales y aquí con su trabajo se granjeó una posición desahogada: fué en su tiempo una de las personas que más contribuyeron al movimiento colonial de entonces y ocupó la presidencia del Consejo de Vecinos, distinguiéndose por asentar la situación económica de la Corporación: entre las obras de saneamiento urbano se cuentan las llevadas a cabo para la construcción de aceras, que de aquel tiempo data su encuadramiento.
>
> Al fallecer su tío Don Mariano Mora, se disolvió la razón social "Pérez y Mora, Cía; y entonces, en unión familiar con su hermano Don Jesús y su hermano político Don José Mora Güerri, se formó una nueva entidad, en la que todos trabajaron bien, de modo que llegó a conquistarse verdadero crédito en esta plaza: quebrantada su salud, el peso del negocio cargó sobre su hermano y el Sr. Güerri.

La Guinea Española, 16 d'octubre de 1938.
La Guinea Española, 16 de octubre de 1938.

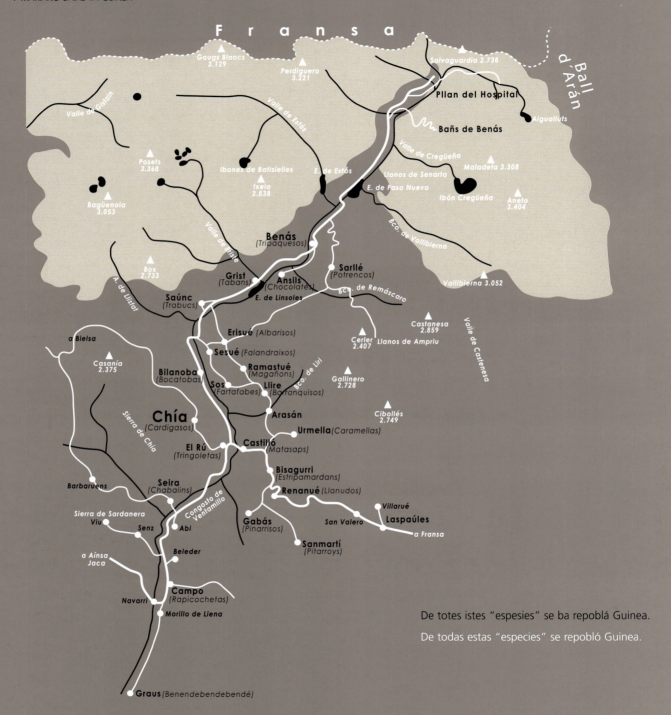

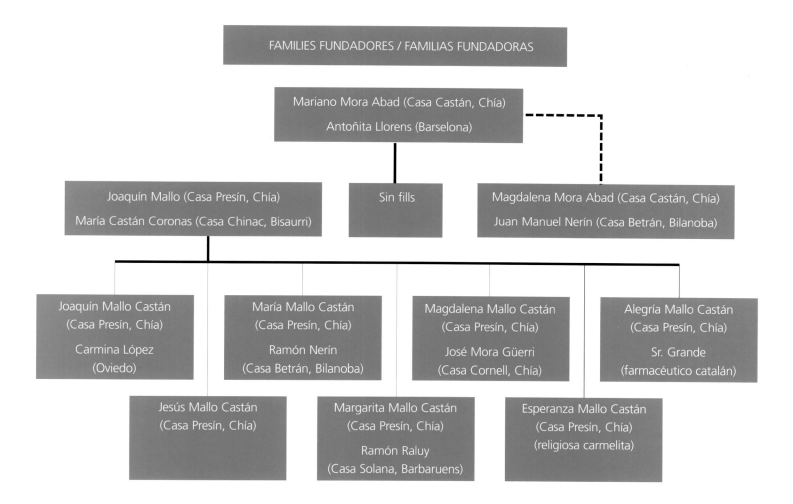

Cuadro de parentescos de les primeres families que ban arribá a la isla y ban sé les fundadores de les empreses.

Cuadro de parentescos de las primeras familias que llegaron a la isla y fueron las fundadoras de las empresas.

A la ball de Benás

En el valle de Benasque

Em charrau de Chía y de Mariano. Em charrau de Guinea desde que ba está española hasta que ba arribá Mariano, a les puertes de 1900. Ara toque charrá de la nuestra ball y contestá a la pregunta de com estabe la ball de Benás desde que Mariano ba determiná d'anásene hasta que els sagués que ban marchá ban torná ta la ball antes de la independensia de Guinea ta 1968.

Puede antisipase lo que ya confirmarem y cllaro: podem di que desde 1900 hasta 1968 a ista ball yebe moltes coses: la que més abundabe yere la pobresa, casi fame; cllima duro y chen cansada de treballá sin pará; de biure per ensima de les malautíes, d'educase a sí mismos; de pllorá y patí cuan calebe y de riure y dibertise encara que no calese. Així, biure yere un mérito; biure be, una utopía; intenta-hue, una ilusión; consegui-hue, un milagro.

El cllima y les forses de la naturalesa

El cllima de la ball de Benás ye fijo y tosudo en la manera de mostrase, pero tamé cambie, coma la chen que i bibim. A ista ball fa fret y caló, coma a mols puestos d'isto mon mundial. Pero sobre tot a ista ball fa, y tamé ha feto, fret. Molto. L'ibert siempre ha seu mol llargo: "Nueve meses de invierno y tres de infierno". Ha marcau la bida de persones, besties y naturalesa.

Yebe que repllegá en tres mesos lo que bestiá y persones empllegaríen ta "iberná". Sí, coma els bichos de sanc freda (culebres, singardaixos…) y algún oso dels que ya no en queden. Pero, ademés de fredo, el tems ye crudo: "Aire de

Hemos mencionado a Chía y a Mariano. Hemos hablado de Guinea desde que fue española hasta que llegó Mariano, a las puertas de 1900. Ahora toca hablar de nuestro valle y dar respuesta a la pregunta de cuál era la situación del valle de Benasque desde que Mariano tomó la determinación de marcharse hasta que los últimos que viajaron volvieron al valle y a sus respectivos pueblos antes de la independencia guineana de 1968.

Puede anticiparse lo que ya confirmaremos con evidencia clara: la constatación de que desde 1900 hasta 1968 en esta tierra altorribagorzana había muchas cosas: la más abundante, la pobreza, sin exagerar ni ocultar el hambre, el clima duro y las personas que conformaban su gente cansada y agotada física y psíquicamente de trabajar sin parar, de vivir a pesar y por encima de las enfermedades, de educarse a sí mismas, de llorar y sufrir cuando hacía falta y sin remedio y de reír y divertirse aunque no viniera a cuento. Aquí, vivir era un mérito; vivir bien, una utopía; intentarlo, una ilusión; conseguirlo, un milagro.

El clima y las fuerzas de la naturaleza

El clima del valle de Benasque es constante y tozudo en la manera aragonesa de mostrarse, pero también sabe cambiar y adaptarse igual que la gente que lo vivimos y soportamos. En este valle hace frío y calor, igual que en tantos lugares de este mundo mundial. Pero, sobre todo, lo que caracteriza el clima de este valle es que hace y ha hecho frío. Mucho. El invierno siempre ha sido muy largo: "Nueve meses de invierno y tres de infierno". Sin duda,

puerto, als tres díes muerto". Y traidó: "Febrero traidó ba matá a mi pay al pallero y a mi may al llabadero". O sigue, desfollá gabiells de freixe ta mescllalos dan el pasto ta doná de minchá al bestiá y trencá el chelo de la fuen ta llabá la roba yeren dos maneres de podé quedate sin pays. *Güérfano*, se diu encara…

La naturalesa ye fiel al cllima. Fa lo que puede. Encara. Tot estabe condicionau al tems que febe: el güerto, els campos, el bestiá. Si la cosa anabe be, sacabe la fame de casa, y sinó… apáñate coma puesques. El besino faríe algo pareseu… ta fé lo mismo.

De lo que anem din, podem sacane que a isto país, si alguno manabe yere el cllima; dispués *el tems*, que yere lo que yebe así. Dispués el bestiá, si queribe adaptáseye, y dispués l'ome, al que no le quedabe més remedio, desde els tems dels ilergetes, que "tirá ta debán"; ta debán coma podese u querise, pero ta debán.

La naturalesa siempre ha estimau molto a ista ball; y l'ha feto goy demostrá así la suya forsa fen a begades *animalades*, que se diu per así, que han acabau sen desastres. El montañés hu sabe. No le tiene po, pero sí molto respeto.

Primero ban naixé istos picos, se ban fé barrancs, lleres y ríos que arrosegaben pedres que, de tanto feles rodá, yeren bolos. Borrucs de granito, redonos, duros y mol grans, que eben llimau les suyes aristes a base de desbocase a brincos desde les altures.

No acabarían mai si enumerasan totes les "males notisies" dan les que la naturalesa ha condicionau la bida d'isto país, este duro clima ha marcado la vida de personas, animales y naturaleza.

Había que recoger en tres meses lo que bestias y personas necesitarían para "invernar". Sí, como los animales de sangre fría (serpientes, lagartos…) y algún oso de los que ya no quedan. Pero, además de frío, el tiempo era crudo y duro: "Aire de puerto, a los tres días muerto". Y traidor: "Febrero traicionero, que mató a mi padre en el pajar y a mi madre en el lavadero". O sea, que repelar las hojas de las ramas de fresno para mezclarlas con el heno al elaborar el pasto para los animales y romper el hielo de la fuente para poder lavar la ropa eran dos tareas que te podían dejar sin padres. *Huérfano*, se dice todavía.

La naturaleza es fiel al clima. Hace lo que puede. Todavía. Todo giraba y estaba condicionado al tiempo que hacía: el huerto "de casa", los campos y fincas, los animales. Si las cosas iban bien, sacaban el hambre de casa, y si no… arréglate como puedas. Y el vecino haría algo parecido… para hacer lo mismo.

De lo que estamos diciendo podemos concluir que, en este país nuestro, si alguien mandaba era el clima; después, *el tiempo*, que es como se le llamaba por aquí. Después, el ganado, si quería adaptarse, y a continuación el hombre, al que no le quedaba más remedio, desde el tiempo de los ilergetes, que tirar para adelante; adelante sin parar, como pudiera o quisiera, pero adelante.

La naturaleza siempre ha querido mucho a este valle; y le ha encantado demostrar de mil maneras su fuerza haciendo en

La manera de sacá la neu ubrín rota ta podé transitá dispués de la nebada: dan els bous chuñits arrastrán un estiraso de cuña.

Modo de quitar la nieve abriendo rota para poder transitar después de la nevada: con los bueyes uncidos arrastrando un estirazo de cuña.

Així quede el paisache dispués d'una riada de Remáscaro.

Así queda el paisaje después de una riada del Remáscaro.

la istoria y el carácter del montañés-benasqués. Solo mirán ta derré y si mos referim només al saguer siglo (el xx), cal pensá en la de begades que l'aire de puerto, a base de turberes, ha llebantau les lloses dels llinaus y tot lo que s'ha trobau per debán. Les begades que per forts tronades s'ha quedau Ansils incomunicau pel Remáscaro, Benás inundau y els puens marchán pel río t'abaixo per unes desustansiades riades del Ésera. Y arribá alguna begada la chen a dormí al sagrero per la po a que rabentase la presa de Paso Nuebo, que amenasabe desde un poco més en t'alto del llugá (coma ta octubre de 1982).

Estem charrán de 1925, 1963, 1982… Per destacá només lo més "gordo" direm que ta churiol de 1925 i ba yabre una riada tan gran que se'n ba llebá el puen biejo de Benás y tot un mes les feixines de Bilanoba ban nadá a les faixes de les Llagunes del llugá. Ba está tan fort que 1925 encara se recorde coma "l'an de la riada".

Pero ba está l'an 1963 cuan ríos y barrancos se ban posá d'acuerdo en atacá chuntos al mismo tems. Mientras l'Ésera se desbordabe arrastrán tot lo que pillabe al suyo paso, el Remáscaro despllasabe al propio río. Més t'abaixo, a Bilanoba, una bolsa de aigua que se ba fé a dichós de terra ba rebentá coma un bolcán y ba está a punto de arrasá tot el llugá.

Altres inundasions locals y puntuals están a la cabesa de qui les ba patí.

¿Y el foc? Encara que el foc que se febe ta cremá els matolls y buixos ta que el minchá del bestiá fuese milló y

ocasiones auténticas *animaladas*, como decimos por aquí, que han acabado convertidas en desastres. El montañés lo sabe. No le tiene miedo, pero sí mucho respeto.

Nacieron primero estos picos; con su erosión se hicieron barrancos, *lleras* y ríos que arrastraban piedras que, de tan rodadas, se convertían en bolos. Bolos de granito, redondos, duros y enormes, que habían limado sus aristas desbocándose a brincos desde las alturas.

Sería interminable enumerar todas las "malas noticias" con las que la naturaleza ha condicionado la vida de este país, su historia y el carácter del montañés-benasqués. Con solo mirar atrás y referirnos al pasado siglo (el xx), habría que contar la de ocasiones que "el aire de puerto", a base de turberas, en temporales de violencia invernal, levantó tejados y pizarras, losas y cubiertas y todo aquello que se le opuso o encontró por delante. La de veces que por culpa de grandes tormentas se ha quedado el pueblo de Anciles aislado por el Remáscaro, Benasque inundado y sus puentes navegando río abajo en un sinfín de despropósitos en las riadas del Ésera. Incluso se ha llegado a tener que desalojar Benasque para que sus habitantes pasaran la noche resguardados en el cementerio por temor a que reventara el pantano de Paso Nuevo, situado amenazadoramente encima del pueblo (como en octubre de 1982).

Estamos hablando de 1925, 1963, 1982… Para destacar solamente lo más "gordo" contaremos que en el mes de julio de 1925 hubo una riada tan grande que se llevó

Fen la yerba a la Coma d'Albá de Benás. Dispués de dallala y cherala, se repllegue dan la forca y el rascllo y se fan els mogolons ta llebala al pallero.

Haciendo la hierba en la Coma d'Albá, en Benasque. Después de dallarla y volverla, se recoge con la horca y el rastrillo y se hacen los montones para llevarla al pajar.

consigo el puente de Benasque y durante todo un mes estuvieron nadando las gavillas en la zona de las lagunas de Villanova. A raíz de este suceso, en la actualidad todavía se recuerda 1925 como "el año de la riada".

Pero lo más espectacular ocurrió en el año 1963, cuando ríos y barrancos se pusieron de acuerdo para atacar juntos al mismo tiempo. Mientras el Ésera se desbordaba llevando consigo todo lo que encontraba a su paso, el bravo Remáscaro desplazaba al propio río. Más abajo, en Villanova, una bolsa subterránea de agua explotó cual volcán y a punto estuvo de arrasar el mismo pueblo.

Otras inundaciones locales y puntuales están en la memoria de quien las sufrió.

¿Y el fuego? Aunque el fuego que se prendía para quemar los matojos y zarzas, y servía para mejorar la alimentación del ganado y sobre todo para limpiar el monte, el otro fuego, el que podía quemar el pajar con la hierba, los haces de ramas y todo lo que se guardaba en la época invernal, no era nada bueno; y sobre todo si el pajar estaba cerca de casa… no es necesario comentar nada. Varias veces, demasiadas, hubo incendios por distintas razones: un rayo, un descuido de alguien, un gato que ha estado junto al fuego y sale con la cola ardiendo hacia el pajar lleno de paja seca, seca, seca (1951, en Casa Molinero de Villanova). Del gato nunca más se supo; del pajar, tampoco.

Pues con esta maleta repleta de cultura climática, y con el máster de la comprobación diaria, fueron los nuestros de Chía a Guinea.

sobre tot ta llimpiesa del monte yere benefisioso, l'altro foc, el que podebe cremá el pallero dan la yerba, gabiells y tot lo que se guardabe en la temporada d'ibert, no yere brenca bueno; y sobre tot si el pallero estabe al costau de la casa… no fa falta di res. Unes cuantes begades, masa, se ban apretá focs per unes cuantes ragons: un llampic, un descuido de la chen, un gat que sall dan la coda cremán del canto el fogaril y marche tal pallero plleno de palla seca, seca, seca (1951, a Casa Molinero Bilanoba). Del gat mai més s'en ba sabre, del pallero tampoc.

Pus dan ista maleta pllena de cultura cllimática, y dan el máster de abe-hue comprobau un día derré de l'altro, s'en ban aná els nuestros desde Chía a Guinea.

La agricultura

¿Y qué agricultura yebe? Pus ben sensillo. Puede dise y afirmase que a istos llugás se llaurabe en bous y baques. Y ¿llaurá, ta qué? Pus ta sembrá: bllau (u selga), sibada. Aixó, de sereals, prinsipal y solo aixó. Lo demés: trunfes y de tot lo que se críe dichós de terra que, per así, tampoc yebe guaire cosa.

La agricultura se resumibe en un tros de terreno serca, regau, de buena terra, sudau, mimau de tan cuidau…, de la falta que febe, de tan chico, de "tantes" coses ta pllantá, siempre ta matá la fame de les besties y persones. La agricultura yere el güerto de casa. Tamé lo que achudaben yeren les trunfes y el bllau que beniben dels campos que no queriben sé prats. (¿Perqué un campo no ha podeu sé mai prau u al rebés?).

La agricultura

Y ¿qué agricultura había? Pues bien sencillo. Puede afirmarse que en estos parajes se labraba con bueyes y vacas. Y ¿labrar, para qué? Pues para sembrar: centeno, cebada. Eso en cuanto a cereales, principal y únicamente. Por lo demás, patatas y de todo lo que se produce debajo de la tierra que, por aquí, tampoco era gran cosa.

La agricultura se resumía en un trozo de terreno cerca de casa, regado, fértil, sudado, mimado de tan cuidado…, de tan necesario, de tan pequeño, de "tantas" variedades de cultivos, de tanta necesidad siempre para matar el hambre de bestias y personas. La agricultura era el huerto de casa. Los que también ayudaban eran las patatas y el centeno que venían de los campos que no querían ser prados. (¿Por qué un campo no ha podido ser nunca prado, o al revés?).

Aguas de nieve, montaña y clima duro, gente de toda la vida extrayendo de la tierra lo que les daba, muchas veces con un cariño no muy exagerado.

La ganadería

Sin lugar a dudas, podemos afirmar que ha sido para el montañés a lo largo de los siglos el medio más importante para subsistir y al que más esfuerzos ha dedicado. Para explicar brevemente lo que era la forma de vida ganadera hay que tener en cuenta los animales que vivían en el corral: ovejas, cabras, burros, mulas, yeguas y caballos, cerdos, gallinas y conejos. También la hierba de los prados y

Repllegán la yerba: els bous chuñits arrastraben l'estiraso u la galera ta llebá la yerba al pallero y podé mantinre el bestiá del ibert. Dels tres mosos, uno cargue en la forca un mogolón a la galera, el d'alto l'apañe y el que ba debán llebe una unllada ta guiá als bous.

Recogiendo la hierba: los bueyes uncidos arrastraban el estirazo o la galera para llevar la hierba al pajar y poder mantener el ganado en el invierno. De los tres mozos, uno carga con la horca un montón en la galera, el de arriba lo arregla y el que va delante lleva una aguijada para guiar a los bueyes.

El bacume yere la clase de bestiá que més abundabe a isto país.
Una ramada de baques que bienen d'apaixentá y se'n ban cara tal corral.

El vacuno era la clase de ganado que más abundaba en este país.
Una cabaña de vacas que vienen de apacentar y van hacia el corral.

Aigües de neu, montaña y cllima duro, chen de tota la bida arrincán a la terra lo que te donabe dan un cariño moltes begades poco exagerau.

La ganadería

Sin tinre que pensa-hue, podem di que ha estau tal montañés a lo llargo dels tems lo que l'ha sacau la fame y a lo que l'ha dedicau més esfuersos y atensión. En ta contá en poques palabres lo que yere la manera de biure ganadera, cal tinre en cuenta els animals que bibiben al corral: güelles, crabes, burros, mules, yegües y caballs, llitons, gallines y conejos. Tamé la yerba dels prats y els amos del bestiá: cases buenes, michanes y pobres. Y ta que s'entengue porían mirá de representa-hue un poquet:

Les güelles marchán ta la montaña a minchase la yerba de l'estiu. A debán anaben unes cuantes crabes y crabons fen baldiá els trucos y l'esquellame. Queden unes cuantes per casa (*cordés*, que se diu el rebuy). Queden tamé unes cuantes crabes de cada casa que el crabero repllegue tots els maitinos y torne de tardis; cada una s'en ba tal suyo corral. Al crabero le farán el gasto a cada casa tantos díes según el número de besties que tienguen a cada una. La craba ye espesial. Minche y aborrase lo que la güella no quere u no s'atribe a arriba-ie. La craba, a isto país y desde fa molto tems, ha sacau molta fame y "ha donau molto", coma disen.

Unes baques minchen al prau del costau del llugá dan tres bidiellets fen-les roclle. Han pariu tamé antes d'aná a la

los dueños del ganado: casas buenas, medianas y pobres. Y para que todo esto se entienda, podemos intentar representarlo:

Las ovejas marchan a la montaña a comer los pastos del verano. Delante van unas cabras y unos cabrones haciendo voltear los trucos y los cencerros. Quedan unos cuantos por casa (*corderos*, que así se llama el rebaño joven). Quedan también unas cabras de cada casa que el cabrero recoge todas las mañanas y las vuelve por la tarde; cada una se va a su establo. Al cabrero le cubren el gasto en cada casa en función del número de animales que cada una aporte al rebaño. La cabra es especial. Come y pasta con ansia lo que la oveja rechaza o no se atreve a comer. La cabra, en este país y desde hace muchas décadas, ha quitado el hambre y "ha dado mucho", como dicen.

Unas vacas comen en el prado al lado del pueblo rodeadas por tres terneros. Han parido antes de ir a la montaña, como las ovejas. Este año se quedarán en casa y hará de repatán y guardián el benjamín de la familia. "Para que vaya aprendiendo"…, dirá su padre.

Unas yeguas cargadas de hierba, con cargas hechas con cuerdas, llegan sudando al pueblo y van directas al pajar. Mientras, en el corral de abajo, un paquete de mulas, unas catorce o dieciséis, para poder denominarlas *paquete*, viven bien y comen mejor.

De la burrita solo se sabe que ha salido cargada, siempre como una burra, con todos los aparejos, todo lo que se puede utilizar cuando hay que labrar.

montaña, coma les güelles. Enguán se quedarán per casa y fará de chulet y guardián el més chicorrón de la familia. "Ta que baigue aprenén"…, dirá su pay.

Unes yegües cargades de yerba, en cargues fetes dan redueltes, arriben sudán al llugá y ban dretes al pallero. Mientras, al corral d'abaixo, un paquet de mules, unes catorse u setse ta diles *paquet*, biben be y minchen milló.

De la burreta solo se sabe que ha salliu cargada, siempre coma una burra, dan tots els aparejos, tot lo que puesque empllegase cuan cal llaurá.

Dos bous mirán ta terra te fan bere dan els güells de bou lo que se les abesine. Tinrán que llaurá… un campo mol llargo.

A la corraleta i gruñen tres llitons. Aixó quere di una casa buena: si en yese dos, michana; uno, casa pobre; cap, mísera… y ruina. "El llitón mos alimente tot el an, nino", dibe cualquier yaya de les d'antes.

Al pollero y al conejá, ta la fiesta del llugá u altres fiestes familiars, galls y gallines y un puyal de conejos sacats dels truixos hu pasaben pero que mol malamén… pensán en lo que se les abesinabe.

La industria

El "sector secundario" d'isto tems que mos ocupe ye fásil resumilo per lo que escasiabe, encara que be ye berdá que ba tinre que bere, coma no podebe está d'un altra manera, en lo que ba cambiá la bida de la chen y de la suya economía.

Dos bueyes mirando al suelo expresan con ojos de buey lo que se les avecina. Tendrán que labrar… un campo muy largo.

En la corraleta gruñen tres cerdos. Eso quiere decir que se trata de una casa buena: si fueran dos, mediana; uno, casa pobre; ninguno, mísera… y ruina. "El cerdo nos alimenta todo el año", decía cualquier yaya de las de antes.

En el pollero y en el conejar, para la fiesta del pueblo u otras celebraciones familiares gallos y gallinas y muchos conejos sacados de los cados lo pasaban francamente mal… pensando en lo que se les avecinaba.

La industria

El "sector secundario" de esta época que nos ocupa es fácil de resumir por su escasez, aunque es cierto que tuvo incidencia, como no podía ser de otra manera, en los cambios de vida de la gente y de su economía.

Siendo la ganadería la principal ocupación y fuente de ingresos del benasqués, con su autarquía y su autonomía económica obligada, la industria se presentaba como una alternativa escasa pero de retribución segura. Así, ocupar una plaza de empleado en una central hidroeléctrica era garantía de contar con un sueldo fijo de por vida.

Desde finales del siglo xix y los dos primeros tercios del xx hasta 1970, cuando comienza el despegue turístico con la estación de esquí y otras actividades destinadas a la atracción del visitante, la vida industrial del valle estuvo marcada principalmente por estos acontecimientos:

El llitón no podebe faltá a cap de casa. Grasies als suyos pernils, als espaillons, als bllanquets y la menudensia, que s'empllegabe tal mondongo, les families de la ball podeben "matá la fame" tot el an.

El cerdo no podía faltar en ninguna casa. Gracias a sus jamones, a las espaldas, a los blancos y la menudencia, que se empleaba para el mondongo, las familias del valle de Benasque podían "matar el hambre" todo el año.

Sen la ganadería la prinsipal ocupasión y fuen de ganansies del benasqués, dan la suya autarquía y autonomía económica oblligada, la industria se presentabe coma un altra fuen, escasa pero de un chornal asegurau. Així, ocupá una pllasa d'empllegau a una sentral idroeléctrica yere la garantía de contá "de por vida" dan un chornal fijo.

Desde el final del siglo XIX y els dos primés tersios del XX hasta 1970, que ye cuan encomense el despegue turístico dan la estasión d'esquí y altros negosios destinats a la chen que benibe a coneixé el país, la bida industrial ba binre marcada sobre tot per istos acontesimientos:

– La mina de pirita a Sarllé que, desde l'an 1932, de la compra dels terrenos, hasta l'an 1947, que se ba tancá, ba está coma el bou que tirabe de la economía de la man d'alto de la ball; més de 70 persones d'así, entre minés, escombrés, peons, pinches, farreros, arbañils, pisarrés, carpintés…, feben posible que baixasen, coma si fuesen moixons, les bagonetes pllenes de pirita per aquell cable de més de 3 quilómetros que desde la mina anabe a morí a Peguera. El peso de les que baixaben cargades arrastrabe a les que puyaben buedes. No calebe més.

– La fábrica de ilados de Sos, que donabe fayena a més de 40 persones, tamé dels llugás de Sesué y Bilanoba. Ba "desaparesé" en la obra del embalse.

– La sentral de Seira y obres de la carretera y presa de Bilanoba de 1914 a 1918. Cal fé notá la importansia d'istes obres a la ball en un momento que chusto coinsidibe en la crisis de la I Guerra Mundial.

– La mina de pirita de Cerler que, desde el año 1932, de la compra de los terrenos, hasta 1947, en que se cerró, fue el motor de la economía de la parte alta del valle; más de 70 personas nativas, entre mineros, escombreros, peones, pinches, herreros, albañiles, pizarreros, carpinteros…, hacían posible que bajaran por aquel cable de más de 3 kilómetros, como si de pájaros se tratara, las vagonetas llenas de pirita que desde la mina iban a morir a Peguera. El peso de las que bajaban cargadas arrastraba a las que subían vacías. Así de sencillo.

– La fábrica de hilados de Sos, donde se empleaba a más de 40 personas, también de los pueblos de Sesué y Villanova. "Desapareció" con la obra del embalse.

– La central de Seira y las obras de la carretera y presa de Villanova de 1914 a 1918. Hay que recalcar la importancia de estas obras en el valle en un momento de plena coincidencia con la crisis de la I Guerra Mundial.

– El túnel de Seira, que tardó un año en hacerse, y barrenado "a mano".

– La central de Campo-Gradiello.

Todo esto antes de los años sesenta. Después hay que citar las fábricas de mármol de Villanova y Sesué. (Una crisis bancaria cerró las dos explotaciones rentables, tan necesarias para las economías familiares). Y la de OCISA-EIASA y sus obras en Benasque, Eriste y Sesué. Desde 1960 hasta 1970 dio vida a todo el valle. Puede decirse que marcó un antes y un después. El auge turístico de verano, a partir de los

– El tunel de Seira, que ba tardá un an chusto en fese, y barrenau "a mano".

– La sentral de Campo-Gradiello.

Tot aixó antes dels ans sesenta. De dispués em de charrá de les fábriques de mármol de Bilanoba y Sesué. (Una crisis bancaria ba tancá les dos esplotasions rentables, tan preses ta les economíes familiars). Y de la OCISA-EIASA y les suyes obres a Benás, Grist y Sesué. Desde 1960 a 1970 ba doná bida a tota la ball. Puede dise que ba marcá una antes y un dispués. El turismo d'estiu a partí dels ans setenta y la Estasión d'esquí se ban encargá de doná fayena cuan ban marchá istes empreses.

Podem resumí que d'isto sector, si be s'ha treballau a lo llargo del siglo pasau, no ha marcau masa la bida, les costumbres y la economía del país. Aixó sí, una begada les empreses empreneben la marcha, dispués de feto el negosio, arrastraben a persones, economíes y patrimonios y potensiaben la emigrasión a altros llugás; una emigrasión tan obligada coma dura.

El comersio

Per moltes ragons istóriques, geográfiques y de combeniensia comersial, el itinerario diguem menos malo (si se prefiere, el milló) en ta comunicá la España benasquesa y el Luchon fransés, yere la ball de Benás; en ta intercambio comersial de alló que no teniban: aseite (ta tot, ta conserbes y minchá, ta curá a persones y besties, aseite que engrase la bida cuan se rebullen les persones, bestiá y

años setenta, y la estación de esquí se encargaron de sustituir su ausencia.

Podemos concluir comentando que este sector, si bien ha estado presente a lo largo del siglo pasado, no ha condicionado demasiado la vida, las costumbres y la economía del país. Eso sí, tras su actividad, las empresas arrastraban con su marcha a personas, economías y haciendas y potenciaban la emigración a otros pueblos, una emigración tan obligada como dura.

El comercio

Por muchas razones históricas, geográficas y de conveniencia comercial, el itinerario digamos "menos malo" (o, si se prefiere, "el mejor") entre la España benasquesa y el Luchon francés era el valle de Benasque, para el intercambio comercial de aquello de que carecíamos: aceite (para todo, para conservas y comida, para curar a personas y animales, aceite que engrasa la vida cuando se oxidan las personas, bestias e ideas), sal y vino en las proporciones en que se empleaban; pocos podrían discutir los efectos que la sal y el vino han tenido para esta parte de la humanidad. A cambio les daban lana, y mucha, de tantas ovejas. Lanas tan famosas que solas se hacían "denominación de origen".

Había que traer también, porque aquí no se fabricaban, calderos, cencerros y mucha ropa, que se empleaba para vestirse y resguardarse del frío cuando el algodón, el cáñamo y la lana dejaron de utilizarse. El ganado, sobre todo los équidos, llegaba de Francia hacia aquí y de aquí hacia más abajo de la España de Benasque.

idees), sal y bino en les proporsions que s'empllegaben; pocs poríen discutí els efectos que la sal y el bino han teniu ta ista umanidá d'así. A cambio les donaben llana, y molta, de tantes güelles. Llanes tan famoses que soles se feben "denominación de origen".

Mos teniben tamé que portá, perque así no yebe manera de felos, els caldés, les esquelles, molta roba que s'empllegabe ta bestise cada uno y ta rebestise del fret cuan el cotón, el came y la llana se ban dixá d'empllegá. El bestiá, sobre tot l'estorsiname, benibe de Fransa t'así y d'así ta més t'abaix de la España de Benás.

Lo de Guinea ye tan raro en tot asó que contem que no aguantaríe a cap comparación. El comersio, l'intercambio de persones y género entre Chía y Guinea, la africanidá de Chía no solo seríen odioses, sinó odiables, si no fuese per tanta imbersión de cariño, esfuerso y bides comprometedes que no rentabilisaríen mai ni prou una cotisasión, ya no económica, sinó cultural y umana.

El transporte y les comunicasions

La terra d'ista ball Ribagorsana ye dura de naiximén: la ba parí la naturalesa, según disen els que n'entenen de pedres, a base de rampells de mal de tripa que aguante la terra cuan no puede sacá d'un altra manera el foc que tiene a dintro. Así la may naturalesa ha feto lo que ha quisto, pero tot "a lo gran": ba fé el Pirineo y solo a la ball de Benás i ba posá un puyal de picos de més de 3000 metros. Aixó ye d'agradesé, pero ome, algo desproporsionau. "Entre poc i massa…", que disen els del país besino.

Lo de Guinea es tan raro entre todo esto que contamos que no aguantaría ninguna comparación. El comercio, el intercambio de personas y género entre Chía y Guinea, la africanidad de Chía no solo serían odiosos, sino odiables, si no fuera por tanta inversión de cariño, esfuerzo y vidas comprometidas que no rentabilizarían nunca de forma suficiente una cotización, ya no económica, sino cultural y humana.

El transporte y las comunicaciones

La tierra de este valle ribagorzano es dura de nacimiento: la parió la naturaleza, según dicen los que entienden de piedras, a base de retorcijones del dolor de tripa que soporta la tierra cuando no puede expulsar de otra forma el fuego que lleva dentro. Aquí la madre naturaleza ha hecho lo que le ha parecido bien, pero todo "a lo grande": creó el Pirineo y solo en el valle de Benasque colocó un montón de picos de más de 3000 metros. Esto es de agradecer, pero hombre, algo desproporcionado. "Entre poc y massa…", que dicen los del país vecino.

El camino de Benasque, 1890-1918

Sube el macho desde Graus cargado y estirándole la cabezada los que suben en reata delante de él. Camina este macho tropezando su herradura en una, dos o cien piedras sueltas que encuentra en el camino. Le baja la salivera dentro del morral que lleva ajustado a boca y nariz para disuadirle la tentación de comer cuando no debe o comerse cualquier hierbecilla que le podría sentar mal, espectadora nacida al lado del camino.

Cuan encara no yere feta la carretera, la tartana de Andresón, entre altres, s'encargabe de transportá les persones y el género menudo.

Cuando todavía no estaba hecha la carretera, la tartana de Andresón, entre otras, se encargaba de transportar las personas y el género menudo.

El camino de Benás, 1890-1918

Puye el macho desde Graus cargau y estiranle la cabesana els que puyen arreatats debán d'ell. Camine ixo macho entrapusán la ferradura en una, dos u sen pedres sueltes que el camino tiene. Le baixe la salibera dintro el morral que llebe achustau a boca y naso ta que no se l'ocurgue minchá cuan no toque u minchase cualquier yerbeta que le poríe fé mal al costau del camino naixeda.

El macho sude, y del trachinero no cal di res. Arriben a Campo. Un buen tros. A les afores, chusto pasen el llugá, igué el mesón. Yei tres grans estasions-parades al camino: la torre Pentineta, el mesón de Selmo, a Campo, y el mesón de Belayo, al Ru. Tres parades oblligades y cada una dan coses a fé.

La torre Pentineta yere el corral del bestiá que baixabe de la ball ta repartilo a España entera. Els paquets de mules yeren coneixets cuan els resibiben a Barselona u a Madrí. Les mules de la ball de Benás tiraben chules, orgulloses, balens, nobles y descarades els millós carricoches de la chen rica de la capital. Se puede uno fé a la idea que elles sabeben d'agón beniben y ta qui serbiben. La mayoría d'elles eben naixeu a Fransa y les eben portau pel puerto; per aixó, ademés de foranes, sabeben un altro idioma que ta la España madrileña u catalana de primés de siglo seríe un mérito, de tan gran, absurdo. Y a begades, coma no podebe está d'altra manera, se cagaben sin mirá ta derré y sin bere a qui portaben. Per aixó tamé les admiraben. Yeren criades així.

El macho suda, y del trajinero mejor no hablar. Llegan a Campo. Un buen tramo. En las afueras, nada más pasar el pueblo, está el mesón. Hay tres grandes estaciones-paradas en el itinerario: la torre Pentineta, el mesón de Selmo, en Campo, y el mesón de Velayo, en El Run. Tres paradas obligadas y cada una con su misión.

La torre Pentineta era el establo-garaje del ganado que bajaba del valle para ser repartido por España entera. Los paquetes de mulas eran famosos cuando eran recibidos en Barcelona o Madrid. Las mulas del valle de Benasque tiraban, chulas, orgullosas, valientes, nobles y descaradas, de los mejores carruajes de los ricos de la capital. Se puede uno imaginar que ellas sabían de dónde venían y a quién servían. La gran mayoría de ellas habían nacido en Francia y las habían traído por el puerto de Benasque; por eso, además de ser extranjeras sabían otro idioma que para la España madrileña o catalana de primeros de siglo sería un mérito, de tan grande, absurdo. Y en ocasiones, como no podía ser de otra manera, se cagaban sin mirar atrás y sin ver a quién transportaban. Por eso también las admiraban. Se habían criado así.

Durante la primera mitad del siglo xx, la torre Pentineta recibía, clasificaba y distribuía el ganado que bajaba del Pirineo… (por no decir siempre *el valle de Benasque*). Más tarde, y de allí para arriba, el mesón de Selmo, en Campo, era parada obligatoria, porque fue el punto más alto del Pirineo donde primero llegó la rueda: de Campo hacia abajo había camino, y hacia arriba también, pero de herradura.

En tota la primera mitá del siglo xx, la torre Pentineta repllegabe, triabe y repartibe el bestiá que baixabe del Pirineo… (ta no di siempre *la ball de Benás*). Dispués, y d'allí t'alto, el mesón de Selmo, a Campo, yere la parada oblligada perque allí ba está el primer puesto més altero del Pirineo agón ba arribá la rueda; de Campo t'abaixo yebe camino, y de Campo t'alto tamé, pero de ferradura.

Dispués… els congustros. Els congustros son, han estau (y no hu querim sabre si serán) la puerta de la ball de Benás. Coma s'ha dito antes, ta la chen d'así, d'ara y de fa ans, pasá els congustros ye anásene ta España (pasá el puerto yere anásene ta Fransa).

Puyaben els machos arreatats y belles burretes sueltes caminán per ensima dels congustros. Per dichós, per anque pasen ara, no se ba podé pasá hasta que se ba ubrí tot el tros de carretera hasta Benás: desde 1914 hasta 1918. Ta ubrí els congustros y doná llum a la nit d'isto país ban tinre mérito y culpa les imbersions idroeléctriques. Se ban fé t'arribá al Ru, al mesón de Belayo, puesto agón se triabe el minchá y el bino ta la ball de Benás, ta Bisaurri y, més t'alto, ta les Paúls, pero sobre tot ta Chía. La Chía guineana a la que arribaben els plátanos u bananes sin que se sabese la diferensia.

Puyabe desde el Ru el camino de Benás. Puyabe per dichós de Chía, miranse la costera y el llugá de Bilanoba saludán els camins de la Coma, Llobera, San Chulián…, atrabesán Tabernés, y se colabe al término de Saúnc, que el resibibe estiranlo hasta Grist y Benás. Hasta Benás pel puen de madera y dispués pel d'ara, ideau per un tal

Después… los congostos. Los congostos son y han sido (y no queremos saber si serán) la puerta del valle de Benasque. Como se ha dicho, para la gente de aquí, de ahora y de antes, pasar los congostos era irse a España (pasar el puerto era irse a Francia).

Subían los machos en reata y algunas burritas sueltas caminando por encima del congosto. Por debajo, por donde pasan ahora, no fue posible hasta que se hizo toda la carretera hasta Benasque: desde 1914 hasta 1918. A la hora de abrir los congostos y dar luz a la noche de este país tuvieron su mérito y su culpa las inversiones hidroeléctricas. Se hicieron para llegar a El Run, al mesón de Velayo, lugar donde se distribuía la comida y el vino para el valle de Benasque, para Bisaurri y, más allá, para Las Paúles, pero sobre todo para Chía. La Chía guineana a la que llegaban plátanos o bananas sin que se supiese la diferencia.

Subía desde El Run el camino de Benasque. Subía por debajo de Chía, contemplando la costera y el pueblo de Villanova, saludando a los caminos de la Coma, Llobera, San Chulián…, atravesando Tabernés, y se introducía en el término de Sahún, que lo recibía estirándolo hasta Eriste y Benasque. Hasta Benasque por el puente de madera y después por el actual, ideado por un tal Purroy, ingeniero (y sabio también debía de ser, porque jamás se lo ha llevado el río). El otro camino importante partía de casa Velayo y atravesaba Castejón de Sos; se retorcía para subir al Carriu, a la izquierda del Solano, y hacia arriba (Renanué, Bisaurri, Las Paúles), donde esperaban las cargas llevadas por las herraduras de los caballos y las abarcas de los trajineros.

Purroy, ingeniero (y sabio que debebe sé, perque mai se le n'ha llebau el río). L'altro camino d'importansia sallibe de casa Belayo y atrabesabe Castilló; s'entertolligabe ta puyá el Carriu, a la esquerra del Solano, y t'alto (Renanué, Bisaurri, Les Paúls), que esperaben les cargues llebades per les ferradures dels caballs y les abarques dels trachinés.

Hasta así, d'ista manera, arribabe lo que nimbiaben de Guinea els Mora y Mallo ta les cases de Presín y Castán. Disen que ban fé la carretera a Chía y la ban asfaltá. A la nasional, que puyabe a Benás no ban sé capasos ni d'alquitraná els forats de terra hasta 1957 (y per lo que se bede l'Estau ni tenibe ni podebe fé tanta imbersión). A cada forau li calebe un camión de aquell tems. Cuan pllobebe se feben bases agón i bebeben les baques hasta fartase.

¡Qué poder, cuans dinés, qué intensions, qué bista de futuro y qué combensets tenibe que está els nuestros protagonistes ta imbertí d'ista manera! Yere difísil fé ixes obres a la begada. Per la falta de maquinaria, pel trasau, pels obrés y empllegats (chornals de miseria) pels tems que rodeyen antes y dispués a les guerres Mundial, Sibil y altra begada Mundial. Disen que els dinés de la carretera de Chía (200 000 pesetes de a la begada) els ba tinre que prestá Joaquín Mallo a l'Estau. En dinés guineanos.

Les sentrals de Campo y Seira d'antes de 1936 ban doná un empenta mai bista a la "modernidad" de les comunicasions y rutes de tota la Ribagorsa. EIASA-OCISA, empresa que en els ans 1960-1970 ba fé els salts d'aigua y les preses de Senarta, embalse de Llinsoles y les sentrals de Grist y Sesué, ba achudá a afiansá bells "pasos" sobre el Ésera, que ebe

De esta manera llegaba hasta aquí lo que enviaban de Guinea los Mora y Mallo para las casas de Presín y Castán. Dicen que construyeron la carretera a Chía y la asfaltaron. En la carretera nacional, que subía a Benasque, no fueron capaces ni de rellenar con alquitrán los agujeros de tierra hasta 1957 (y por lo visto el Estado ni tenía ni podía realizar semejante inversión). Para cada agujero hacía falta un camión de aquella época. Cuando llovía se hacían unas balsas donde podían beber las vacas hasta saciarse.

¡Qué poder, cuánto dinero, qué intenciones, que visión de futuro y qué convicciones debían de tener nuestros protagonistas para invertir de esta forma! Era difícil realizar esas obras entonces. Por la falta de maquinaria, por el trazado, por los obreros y empleados (sueldos de miseria), por los tiempos que rodean antes y después a las guerras Mundial, Civil y otra vez Mundial. Dicen que el dinero de la carretera de Chía (200 000 pesetas de entonces) lo tuvo que prestar Joaquín Mallo al Estado. En dineros guineanos.

Las centrales de Campo y Seira, anteriores a 1936, dieron un empuje nunca visto a la "modernidad" de las comunicaciones y rutas de la Ribagorza. EIASA-OCISA, la empresa que en los años 1960-1970 construyó los saltos de agua y las presas de Senarta, el embalse de Linsoles y las centrales de Eriste y Sesué, ayudó a afianzar algunos "pasos" sobre el Ésera, que había vivido a sus anchas en cuanto a inundaciones, desbordamientos y otras fechorías de bolos y tierras repartidos por prados, campos y pueblos con generosidad desmedida.

bibiu sin amo ni patrón en lo que fa a inundasions, riades y altres fechoríes de bolos, borrucs y terra repartits per praus, campos y llugás en una soltura fora de lo normal.

Posem coma muestra la construcsión de la Palanca de Sesué: comunicabe isto llugá en la carretera nasional y els besins de Bilanoba. Se armabe dan quebros mol gordos, taules ben achustades, refuersos als costaus y a les puntes, y… una begada "inaugurada" marche a l'altro día, o sigue, ixa misma nit, según el tronasaso que ba caire de Saúnc en t'alto.

Güe, en plleno siglo XXI, y dan les mismes curbes i trasats de primés del XX, les comunicasions que ubren la ball seguiríen sen dignes de sé transitades per aquells machos que, cargats de plátanos, café y cacau, puyaben desde Belayo el Ru a cualquier puesto que se les dise.

El que biu a la ball, el turista u escursionista, el estudiante, el que ye malo, el polític y l'obispo saben, tots, el "mal trago" que han de pasá en ta entrá y salre d'isto presioso rincón del mon. Una Ribagorsa que, al igual que Guinea, s'achermane a ella en les suyes comunicasions bananeres.

La educasión y la cultura

A la escuela s'i podebe aná perque no te feben guardá les baques u les güelles: t'amostraben hasta els catorse ans les cuatre regles. De tardis, si ebes de fé la comunión calebe aná a catesismo y t'amostraben els mandamientos y doctrina molta. Aixó hu febe sólo el capellán. Dan les regles aprenedes y el catesismo sabeu, tenibes ganau el sielo y la terra; lo demés ya depenebe de cada uno.

Pongamos como ejemplo la construcción de la Palanca de Sesué: comunicaba este pueblo con la carretera nacional y sus vecinos de Villanova. Se hizo con enormes troncos, refuerzos en los laterales y en los extremos, y… una vez "inaugurada", marcha al día siguiente, o sea, esa misma noche, por la tronada que cayó de Sahún para arriba.

Hoy, en pleno siglo XXI, y con las mismas curvas y trazados de principios del XX, las comunicaciones que abren el valle seguirían siendo dignas de ser transitadas por aquellos machos que, cargados de plátanos, café y cacao, subían desde Casa Velayo de El Run a cualquier punto que se indicase.

El residente del valle, el turista o excursionista, el estudiante, el enfermo, el político y el obispo saben, todos, el "mal trago" que han de pasar para entrar y salir de este precioso rincón del mundo. Una Ribagorza que se hermana con Guinea en cuanto a sus comunicaciones bananeras.

La educación y la cultura

A la escuela podías ir porque no te hacían guardar las vacas o las ovejas: te enseñaban hasta los catorce años las cuatro reglas. Por la tarde, si tenías que hacer la comunión debías ir a catecismo, y te enseñaban los Mandamientos y mucha doctrina. Eso lo hacía exclusivamente el cura. Con las reglas aprendidas y el catecismo sabido, tenías ganado el cielo y la tierra; lo demás ya dependía de cada uno.

Cuando lo más urgente y necesario era el estómago, el intelecto y la mente podían esperar. Aunque en el valle

Ballán a la ermita de la Birgen de la Encontrada de Chía el día de la fiesta.

Bailando en la ermita de la Virgen de la Encontrada de Chía el día de la fiesta.

Si lo més presiso y lo primero yere el estómago, el intelecto y la mente podeben esperá. Encara que a la ball de Benás yebe bell llugá que tenibe maestro y les coses estaben un poquet milló, podem di que a prous dels altros l'analfabetismo y la incultura se donaben la man moltes begades. Pobresa económica y miseria cultural: istes palabres pueden balre en ta resumí lo que yebe. Yebe llugás en els que solo una persona sabebe escriure, y yere la encargada d'escriure les cartes ta tota la chen del llugá.

Per lo normal, solo la chen de la Illesia sabebe llichí y escriure be. Y, per aixó, solo ella poríe dispensá la enseñansa. Pero cal di que la Illesia se preocupabe més dels suyos, seminaristes y futuros ministros del Siñó, que de la chen del llugá, que lo que de berdá empllegabe yere apenre a llichí, escriure y contá. Tres berbos mol presisos ta diferensiase dels que sabeben esbramegá, bramá y esbelegá. Sabre contá yere condisión ta que no t'engañasen: contá el bestiá, els dinés, els díes que faltaben ta parí la baca, la güella u la yegua de carga.

Als tems que mos ocupen, ya la enseñansa ebe pasau a mans del Estau. Pero, cuan a begades faltabe el maestro u la maestra per la causa que fuese, el capellán se n'encargabe de fé les begades d'ells.

Ta 1934 (la II República) se ba doná una buena empenta a la enseñansa. No ye que fuese molto pero se ba notá. Disen que Joaquín Mallo, entre que ba está de diputau, ba fé apañá escueles nuebes a la ball.

Y als maestros se les pagabe dan normalidá chornals de miseria: "Pases més fame que un maestro", se sigue din

había algún pueblo que tenía maestro y la situación estaba un poco mejor, se puede decir que en muchos lugares el analfabetismo y la incultura se daban a menudo la mano. Pobreza económica y miseria cultural: así se resume lo que había. En algunos pueblos solo una persona sabía escribir, y era la encargada de redactar las cartas de todos los del pueblo.

Por lo general, solo la gente de la Iglesia sabía leer y escribir bien. Y, por eso, solo ella podría dispensar la enseñanza. Pero hay que destacar que la Iglesia se preocupaba más de los suyos, seminaristas y futuros ministros del Señor, que de los lugareños, que lo que de verdad necesitaban era aprender a leer, escribir y contar. Tres verbos esenciales para diferenciarse de los que sabían mugir, rebuznar y balar. Saber contar era condición indispensable para que no te engañaran: contar el ganado, el dinero, los días que faltaban para que pariera la vaca, la oveja o la yegua de carga.

En los tiempos que nos ocupan, la enseñanza ya había pasado a manos del Estado. Pero, si alguna vez faltaba el maestro o la maestra por la causa que fuera, el cura se encargaba de sustituirles.

En 1934 (la II República) se potenció la enseñanza. No es que fuese exagerado, pero se notó. Dicen que Joaquín Mallo, mientras fue diputado, puso en marcha nuevas escuelas en el valle.

Y a los maestros se les pagaba normalmente jornales de miseria: "Pasas más hambre que un maestro", se sigue diciendo todavía. Suerte que para ayudar, en lo que podía,

encara. Suerte que t'achudá, en lo que podeben, estabe siempre la buena chen del llugá. (Solo coma cosa curiosa, si mirem els chornals, a Benás un maestro cobrabe a l'an 3000 reals de bellón pero, si yere maestra, 1000 reals. "Sin comentarios, por favor").

La política y la salut

Les guerres, siempre les guerres… La dels carlistes, la I Mundial, la Sibil, la II Mundial…, y tota la miseria que i arrastren, que fa un altra guerra, a begades pió que la "ofisial". La chen no ye que "pasase" de la política, ye que tenibe altres coses que fé ta no morise. Per aixó, a la política s'i dedicaben els que no teniben que procurase el minchá de cada día y els que queriben asegurá "cuanto més milló". A moltes cases buenes, forts y riques de la ball i ba yabre, en una u altra temporada, bella persona de la familia que ba está "político", be perque yere abogau, be perque tratabe dan chen de la capital. U tamé perque, grasies al patrimonio y a la influensia que así tenibe, podebe permitise biaches, contactos, amistats… y més riquesa.

Posase malo ya yere un altra cosa, mol fásil de contá y més d'entenre: u te curabes u te moribes. Te podebes curá antes que arribase bell dotó y te podebes morí dispués que ase marchau sin podete resetá res tal "cólico miserere". (O sigue, apendisitis; lo de *miserere* hu dibe el capellán cuan t'enterrabe en un llatín que digú entenebe, menos el difunto).

Cuan una dona se posabe de parto, estaben t'aixó les besines y la partera del llugá. A tots els puestos yebe una

estaba siempre la buena gente del pueblo. (Solo como cosa curiosa, comparando los sueldos, en Benasque un maestro cobraba al año 3000 reales de vellón pero, si era maestra, 1000 reales. Sin comentarios, por favor).

La política y la salud

Las guerras, siempre las guerras… La de los carlistas, la I Guerra Mundial, la Civil, la II Mundial…, y toda la miseria que conllevan, que hace otra guerra, a veces peor que la "oficial". No es que la gente "pasara" de la política: es que tenía otras cosas que hacer, para no morirse. Por eso, a la política se dedicaban los que no tenían que procurarse el pan de cada día y los que querían asegurar "cuanto más mejor". En muchas casas buenas, fuertes y ricas del valle, hubo, en una u otra época, alguno de la familia que fue "político", bien por ser abogado o por tratar con gente de la capital. O también porque, gracias a su patrimonio y sus influencias, podía permitirse viajes, contactos, amistades… y más riqueza.

Enfermar ya era otra cosa, muy fácil de contar y más aún de entender: o te curabas o te morías. Te podías curar antes de que llegara algún médico y te podías morir después de que marchara sin haber podido recetarte nada para el "cólico miserere" (o sea, la apendicitis; lo de *miserere* lo comentaba el cura cuando te enterraba en un latín que nadie entendía, menos el propio difunto).

Cuando una mujer se ponía de parto, para eso estaban las vecinas y la partera del pueblo. En todos los pueblos había

dona que sabebe com fé ta portá la mainada al mon. Pero si no anaben les coses be y calebe llebalos a l'espital, t'aixó estabe el macho.

Y si uno se trencabe un braso o una güella la pata, t'aixó yebe unes cañetes u tochos que feben les begades del ches d'ara. Si se t'ubribe la caniella cuan segabes, pues te posabes, si en tenibes, una benda ben fort y tornabes a segá. Se'n puede fé una llista mol llarga. A la mayoría de la chen no le pasabe res. Cuan se moriben casi mai se sabebe de qué. De biejos, mols, y yayo el de Seira… d'una patada del burro al sacale la cabesana.

Als llugás: la chen, ixes persones

A un llugá que el lectó tríe yebe cases buenes. No emplleguen guaire espllicasión. La chen, el bestiá, les finques, els dinés… tot aixó formabe una *casa buena*. Coma ademés soleben emparentase en un altra casa buena, pues resultaben *cases mol buenes*. Hu dixem aixi… En contra, en yebe d'altres que no yeren aixi u brenca aixi: se diben *cases michanes* u *pobres*.

La cosa ye que a cada llugá la casa tenibe, y tiene, un nom; el nom de la casa ye de tanta importansia que ba per debán y sobrebiu als apellidos dels agüels, pays, fills y nietos. A la chen de per así se mos coneixe siempre y sobre tot pel nom de la casa: "¿D'agón yes?". "De Casa Caseta". La casa conformabe una "unidad social": los fuegos. Un llugá se medibe pel número de focs que tenibe.

A les cases buenes, ademés dels amos igueren els criats. El número d'istos sagués, según el poderío de la casa. La

una mujer que sabía qué hacer para traer los niños al mundo. Pero si las cosas no iban bien y había que llevarlos al hospital, para eso estaba el macho.

Si te rompías un brazo, o una oveja la pata, para eso había unas cañas o palos que hacían las veces de escayola. Si te abrías la muñeca al segar, pues te ponías, si la tenías, una venda bien sujeta y continuabas segando. Se podría hacer una lista muy larga. A la mayoría de la gente no le pasaba nada. Cuando se morían casi nunca se sabía de qué. De viejos, muchos, y el yayo de Seira… de una patada del burro al quitarle la cabezada.

En los pueblos: la gente, esas personas

En cualquier pueblo que el lector tenga a bien elegir había casas buenas o ricas. No necesitan demasiada explicación. La gente, el ganado, las fincas, el dinero…, todo formaba parte de una *casa buena*. Como además solían emparentarse con otra casa buena, pues resultaban *casas muy buenas*. Lo dejamos así. Por el contrario, otras casas no eran así: se llamaban *casas medianas* o *pobres*.

En cada pueblo la casa tenía, y tiene, un nombre. El nombre de la casa tiene tanta importancia que va por delante y sobrevive a los apellidos de los antepasados y miembros de la familia. A la gente de por aquí se nos conoce siempre y sobre todo por el nombre de la casa: "¿De dónde eres?". "De Casa Caseta". La casa formaba una "unidad social": los fuegos. Un pueblo se media por el número de fuegos que tenía.

Guerra Sibil ba trastocá (y a bells llugás de manera dramática y cargada de sanc) isto binomio de empresa doméstica. D'anécdotes y cuentos n'abunden per tota la ball (alguns, de tan grasiosos, cruels).

Fiestes y feries (de bestiá sobre tot) feben una fayena presisa: la comunicasión y el intercambio en el coneiximén de persones… y animals. Sobre tot les feries aportaben parelles que beniben de llugás de lluen coma del Cinca, de la Noguera Pallaresa, de Ribagorsa Sur y tamé de fora, de Comminges y Lannemezan, a la besina región fransesa. Casase y formá una familia yere capital fa uns cuans ans ta mantinre la continuidá de les erensies, casa y patrimonio. A qui se quedabe soltero a la casa agón ebe naixeu y treballabe solo y sólo en ta ella se le dibe *tión*; a begades, de manera cariñosa; altres, no tanto. Els tions ban tinre molto que bere en el progreso de no poques cases.

En las casas buenas, además de los amos estaban los criados. El número de estos últimos variaba según el poderío de la casa. La Guera Civil llegó a trastocar (y en algunos pueblos de manera dramática y sanguinaria) este binomio de empresa doméstica. Anécdotas e historias abundan por el valle (algunas de ellas, de tan graciosas, crueles).

Fiestas y ferias (de ganado sobre todo) cumplían un cometido preciso: la comunicación y el intercambio para conocerse las personas… y también los animales. Sobre todo las ferias aportaban parejas que venían de lugares lejanos: del Cinca, del Noguera Pallaresa, del sur de la Ribagorza y también del extranjero, de Cominges y Lannemezan, en la vecina región francesa. Casarse y formar una familia era capital hace unos años para mantener la continuidad de las herencias, la casa y el patrimonio. A quien se quedaba soltero en la casa donde había nacido, y trabajaba solo y sólo para ella se le llamaba *tión* ('solterón'); a veces, de forma cariñosa; otras, no tanto. Los *tiones* tuvieron mucho que ver con el progreso de no pocas casas.

A Guinea

En Guinea

Baixá t'allí

¿Qué se'n sabeben ells, d'agón anaben? Sin telebisión, sin sine, sin prensa… desidise a marchá y fé un biache de més de 5000 quilómetros no seríe brenca fásil. Una begada eben pasau els ans y ya s'ebe feto la cadena, ¡coma aquell! Pero tals primés que ban salre… Anaben a un país que no yere bllanco, sinó de coló. Agón yebe abres que mediben més de 30 metros y una selba que no yere la d'Ansils, sino que yere peligrosa, y agón eben de treballá y sobrebiure.

Als que puyaben d'allí els bedeben cascats pels mals tropicals y portán notísies de un chermano o un amigo que allí s'ebe posau malo u que allí ebe dixau la bida. Aixó sí, beniben en el traje y el sombrero bllanco, la pocha dan cuartos y la cabesa pllena d'abentures y de proyectos. Y se bedebe que les families dels que emigraben… anaben ta debán. Y aprisa. Aixó a un chobe que encara no ebe feto la mili, en ganes d'abentura y que bedebe el poco futuro que l'esperabe a Benás, l'enganchabe a pesá de tot. Pero de tot.

¿Quines son les ragons que mos conten en t'abenturase a marchá tan lluen y a llebá una bida en unes condisions tan distintes a les d'así?

Per una man, la pobresa que yebe y les poques esperanses de que cambiasen les coses:

¿Y qué febes per Benás si no se bedebe cap futuro? Cuidá cuatre güelles y una baqueta y en aixó anabes tirán tot el an. Así me dedicaba a guardá llitons astí a Gabás: anaba descalso y cuan pllobebe me n'acordo que me tapaba dan

El viaje

¿Qué sabían ellos de adónde iban? Sin televisión, sin cine, sin prensa… Decidirse a marchar y hacer un viaje de más de 5000 kilómetros no era tarea fácil. Una vez pasados los años y ya hecha la cadena, ¡como aquel! Pero para los primeros que salieron… Iban a un país que no era blanco, sino de color, donde había árboles que medían más de 30 metros y una selva que no era la de Anciles, sino que era peligrosa, y donde tenían que trabajar y sobrevivir.

Los que volvían de allí se veían desmejorados por las enfermedades tropicales y traían noticias de un hermano o de un amigo que allí había enfermado o que allí se había dejado la vida. Ahora bien, volvían con traje y sombrero blanco, el bolsillo con dinero y la cabeza llena de aventuras y proyectos. Y se veía que las familias de los que emigraban… salían adelante. Y deprisa. Eso, a un joven que aún no había hecho la mili, con ganas de aventura y que veía el poco futuro que le esperaba en el valle de Benasque le atraía a pesar de todo. Pero de todo.

¿Cuáles son las razones que nos cuentan para aventurarse y marcharse tan lejos y llevar una vida con unas condiciones tan diferentes de las suyas?

Por una parte, la pobreza que había y las pocas esperanzas de que cambiaran las cosas:

¿Y qué hacías por Benasque si no se veía ningún futuro? Cuidar cuatro ovejas y una vaca, y con eso ibas tirando todo el año. Aquí me dedicaba a guardar cerdos en Gabás: iba descalzo y cuando llovía me acuerdo de que me tapaba con

> **Pasaje llegado con el V/P. Domine**
>
> **De Barcelona**
>
> Sres. D. Ildefonso Jesús García Sesma; D.ª María Loscertales Rufas; María Cristina Loscertales D. María Dolores de Portafax Marsilli; Dª. Leonor Marsill Urgalles; D. Manuel Valentín Pérez Mallo; D. Jesús Barañac Mora; D. José Pállaruelo Mallo; D. Fausto Gual Boragues; D. Rosa Fondevila Español; D. Julio

La Guinea Española, 12 de disiembre de 1943.
Entre els que baixaben en el biache del barco *Dómine* ta disiembre de 1943 tenim a Jesús Barañac, de Casa Muria de Chía, Balentín, del Molino de Sesué, y José Pallaruelo, de Casa Gregoria de Chía.

La Guinea Española, 12 de diciembre de 1943.
Entre los que bajaban en el viaje del barco *Dómine* en diciembre de 1943 tenemos a Jesús Barañac de Casa Muria de Chía, Valentín, del Molino de Sesué, y José Pallaruelo, de Casa Gregoria de Chía.

un saco d'aquells de capucha. ¿Te n'acordes d'aquells sacs? Pues en ixa miseria bibiban.

Per un altra man els que teniben proyectos y ganes de salre ta debán bedeben que la ball no dixabe llebalos a cabo:

D'así de casa, ya i ebe estau papá treballán a Guinea. Als míos chermans les febe goy estudiá y teniben que aministé prous cuartos. Primero me ba pasá per la cabesa anámene t'Argentina, que tamé yere terra d'oportunidats, y al final, mira, ¡a Guinea que bé aná a pará!

***

No teniba res que fé a casa; yo yera el més chico y la erensia pasabe tota ta mi chermano el gran. Yo me teniba que buscá la bida fora de casa. Me'n acordo que desde que yera mol chobe teniba un pllan que yere mol sensillo: yo queriba tinre una dona, uns fills, una casa y un pllan de bida, pero t'aixó empllegaba dinés. Me febe molto goy la mecánica y un día el siño Serbeto me ba di si me'n queriba aná dan ell a treballá a les obres de la Enher a Pon de Suert. Bé aná t'allí a llebá un camión y me bé sacá el carné de primera; dispués bé fé la mili y me ban posá a fé de chofer d'un general, y cuan la bé acabá, mi chermano, que ya yere treballán a Fernando Poo, me ba di que me'n anase t'allí: "Allí te donarán molto més de lo que ganes per así". Aixi que bé pensá: "Así mai tinré ni casa, ni camión, ni dona". Y al poco tems ya yera allá abaixo.

El biache: més de bint díes beden so que sielo y aigua

Lo pió de anaie yere el biache. El transporte se febe en una línia regular de barco. Els barcos, a primés de siglo,

un saco de aquellos con capucha. ¿Te acuerdas de aquellos sacos? Pues con esa miseria vivíamos.

Por otra parte, los que tenían proyectos y ganas de salir adelante veían que el valle de Benasque no les dejaba llevarlos a cabo:

De casa, ya había ido papá a trabajar a Guinea. A mis hermanos les gustaba estudiar y necesitaban dinero. Primero pensé en ir a Argentina, que también era tierra de oportunidades, y al final, mira, ¡fui a parar a Guinea!

***

No tenía nada que hacer en casa; yo era el más pequeño y la herencia pasaba toda a mi hermano mayor. Yo me tenía que buscar la vida fuera de casa. Me acuerdo de que desde que era muy joven tenía un plan, que era muy sencillo: yo quería tener una mujer, unos hijos, una casa y un plan de vida, pero para eso necesitaba dinero. Me gustaba la mecánica y un día el señor Serveto me dijo si quería ir con él a trabajar a las obras de la Enher en el Pont de Suert. Fui allí a llevar un camión y me saqué el carné de primera; después hice la mili y me puse de chófer de un general, y cuando la acabé, mi hermano, que ya estaba trabajando en Fernando Poo, me dijo que fuera para allí: "Allí te darán mucho más de lo que ganas ahí". Así que pensé: "Aquí nunca tendré nada, ni casa, ni camión, ni mujer". Y al poco tiempo ya estaba allá abajo.

El trayecto: más de veinte días viendo solo cielo y agua

Lo peor de ir era el viaje. El transporte se hacía en una línea regular de barco. Los barcos a principios de siglo zarpaban

La Guinea Española, 10 d'agosto de 1952.
La Guinea Española, 10 de agosto de 1952.

sarpaben una begada al mes, y conforme abansaben els ans més a sobén. Dels barcos podem nombrane uns cuans: en els ans que ban de 1930 a 1960 baixabe el *Plus Ultra*, que ye el més coneixeu; entre ixos ans tamé transitaben el *Dómine*, el *Escolano*, el *Río Francolí* y el *Villa de Madrid*, entre altros; si mos remotem als ans entre 1910 y 1930 trobem el *Ciudad de Cádiz*, el *Montserrat* y el *Ciudad de Alicante*; y el més biejo, en el que ban aná els primés que ban baixá, ba está el vapor *San Francisco*.

En ta un puyal de la chen que ba marchá yere la primera begada que puyaben a un barco, y en un biache tan llargo la chen no hu pasabe brenca be. Y la pregunta que mos em de fé ye ¿qué fa uno de la ball de Benás a un barco al mich del mar? ¡Aparte de marease, cllaro! ¿S'ha bisto bella begada baixá un barco per algún barranco?

Yo bé marchá dan el mío ome dispués de casame. Tenría uns trenta ans. Bem marchá en un barco que se dibe Villa de Madrid *y mos ba costá bint y tres díes.*
—¡Qué mal hu bé pasá! ¡Que me muero, que me muero! Si sabebes que yere tan malo el barco, ¿ta qué m'i colabes? —le diba al mío mariu.
Bem aná a buscá al dotó. Me ba mirá y ba di:
—¡Bah, un simple mareo!
Febe quinse díes que yeran allí y encara no chafaba seguro, y pensaba: "Pues d'así d'ista isla, si no ye en barco u en abión, no poré salre…". Y me'n fartaba de pllorá els primés díes. Dispués ya se me ba pasá.

***

una vez al mes, y conforme avanzaron los años lo hicieron con más frecuencia. Barcos se podrían nombrar unos cuantos: entre 1930 y 1960 bajaba el *Plus Ultra*, que era el más conocido; también transitaban el *Dómine*, el *Escolano*, el *Río Francolí* y el *Villa de Madrid*, entre otros; si nos remontamos a los años que van entre 1910 y 1930, encontramos el *Ciudad de Cádiz*, el *Montserrat* y el *Ciudad de Alicante*; y el más viejo, en el que fueron los primeros que bajaron, el vapor *San Francisco*.

Para muchos de los que marcharon era la primera vez que subían a un barco, y en un viaje tan largo la gente lo pasaba mal. Y la pregunta que nos hemos de hacer es ¿qué hace uno del valle de Benasque en un barco en medio del mar? ¡Además de marearse, claro! ¿Se ha visto alguna vez bajar un barco por algún barranco?

Yo marché con mi marido después de casarme. Tendría unos treinta años. Marchamos en un barco que se llamaba Villa de Madrid *y tardamos veintitrés días en llegar.*
—¡Qué mal lo pasé! ¡Qué me muero, qué me muero! Si sabías que era tan malo el barco, ¿por qué me has traído? —le decía a mi marido.
Fuimos a buscar al doctor. Me miró y me dijo:
—¡Bah, un simple mareo!
Hacía quince días que habíamos llegado y aún me sentía mareada, y pensaba: "Pues de esta isla, si no es en barco o en avión, no podré salir…". Y me hartaba de llorar los primeros días. Después ya se me pasó.

***

Uno dels barcos més coneixets pels nuestros: el *Plus Ultra*.

Uno de los barcos más conocidos por los nuestros: el *Plus Ultra*.

Maripé Solana dan els suyos fills.

Maripé Solana con sus hijos.

Dan el mío mariu soleban aná en abión y torná en barco. Se mos febe el biache mol agradable perque feban bida dan el capitán y altra chen del barco. Cuan arribaban als puertos anaban a coneixé la capital y a sopá a restaurantes d'allí. Yere mol majo y encara conserbo alguns amigos que bem fé en aquells biaches.

Les condisions yeren que la empresa te pagabe el biache y el chornal desde el momento en que dixabes la Península.

Yo i bé aná per mi primo Antonio, que ebe estau treballán a una casa de Chía y desde allí ebe marchau ta Fernando Poo. Ta anaie bé aná a bere a don José Mora y me ba di que ya m'abisaríe. Al poco tems bé resibí una carta conforme me teniba que presentá a Barselona ta marchá en barco, y el barco a yo no me febe brenca goy. A la begada, tals ans sincuanta, le costabe serca de un mes perque parabe a tots els puertos (Balensia, Alicante, Cartagena, Cádis, Las Palmas, Tenerife, Río de Oro, Monrobia y, por fin, Santa Isabel).

Tenibes tots els gastos pagats desde que prenebes el barco y te contabe el chornal cuan sallibes de Cádis, que ya representabe que dixabes la metrópoli. Al final bé tinre molta suerte y bé podé marchá en abión.

Més tardi ya ba arribá l'abión. En ta 1926 se ba fé el campo d'abiasión a Bata, a la man continental, y desde allí s'anabe en barco a la isla; els primés abions podeben tardá una semana en t'aná de España a Guinea: encara que les ores de buelo yeren trenta y sies, les eben de fé en micha dosena d'etapes. Y en ta mayo de 1940 ya ban inaugurá

Con mi marido solíamos ir en avión y volver en barco. Se nos hacía el viaje muy agradable porque hacíamos vida con el capitán y otros pasajeros del barco. Cuando llegábamos a los puertos íbamos a conocer la capital y a comer a los restaurantes de allí. Era muy bonito y aún conservo algunos amigos que hicimos en aquellos viajes.

Las condiciones eran que la empresa te pagaba el viaje y el jornal desde el momento en que dejabas la Península.

Yo fui por mi primo Antonio, que había estado trabajando en una casa de Chía y desde allí se fue a Fernando Poo. Para ir fui a ver a don José Mora y me dijo que ya me avisaría. Al poco tiempo recibí una carta conforme me tenía que presentar en Barcelona para marchar en barco, y el barco a mí no me hacía ninguna gracia. Entonces, en los años cincuenta, el trayecto costaba cerca de un mes porque paraba en todos los puertos (Valencia, Alicante, Cartagena, Cádiz, Las Palmas, Tenerife, Río de Oro, Monrovia y, por fin, Santa Isabel).

Tenías todos los gastos pagados desde que subías al barco y te contaba el jornal desde que salías de Cádiz, que ya quería decir que dejabas la metrópoli. Al final tuve mucha suerte y pude ir en avión.

Más tarde ya llegó el avión. En el año 1926 se hizo el campo de aviación de Bata en la zona continental, y desde allí se iba en barco a la isla; los primeros aviones podían tardar una semana en ir de España a Guinea: aunque las horas de vuelo eran treinta y seis, las hacían en media docena de etapas. Y en mayo de 1940 ya se inauguró el

Els chermans Ramón y Mariano Pascual, de Casa Farrero de Bisaurri.

Los hermanos Ramón y Mariano Pascual, de Casa Farrero de Bisaurri.

un campo d'abiasión a Santa Isabel y una línia de buelos en un bimotor entre Bata y Santa Isabel.

El primer biache que bé fé, ta 1957, bem aná en abión y bem tardá bint y cuatre ores. El bem pillá a Madrí y bem fé escala a Las Palmas, Niamey, Bata y Santa Isabel. Yere la primer begada que anaba en abión y me ban ofresé café, güisqui y refrescos. Me ban foté un buen güisqui, que no l'eba probau mai, y no me ba sentá be. Dispués, a Santa Isabel, ya me ba sabre més bueno; yere més barato que el bino. El saguer biache que bé fé, dos campañes més tardi, bem tardá cuatre ores.

Lo primero a l'arribá: salacot, quinina y mosquitero

Els ans que ban desde primés de siglo hasta els ans cuaranta ban tinre que está mol duros y difísils ta adaptase-ie.

Yo bé arribá allí ta l'an 35. Els primés ans que i bé está ban está mol difísils, ¡pero molto! No yebe res feto. ¡Calebe fe-hue tot! Ta tinre llum, a base de llámpares de petróleo, ta secá el cacau tot hu feban a mano, y febe una caló… ¿Qué pensets, que teniban cubitos de chelo en ta refrescamos? ¡Ya te la donarán! Un tros gran que s'anabe deschelan.

El salacot, la quinina y el mosquitero no podeben faltá: el salacot yere el sombrero, la quinina yere la pastilla antipalúdica, y el mosquitero, en ta podé dormí.

El cambio de país yere mol gran: el tems, la chen, la lluenga…

En arribá a la isla lo primero que sentibes al baixá de l'abión yere una bufarada de caló a la cara que te cremabe. Una

campo de aviación de Santa Isabel y una línea de vuelos en un bimotor entre Bata y Santa Isabel.

En el primer viaje que hice, en 1957, fui en avión y tardé veinticuatro horas. Lo cogí en Madrid e hice escala en Las Palmas, Niamey, Bata y Santa Isabel. Era la primera vez que iba en avión y me ofrecieron café, whisky y refrescos. Me pusieron un whisky; no lo había probado nunca y no me sentó bien. Después, en Santa Isabel, ya me supo mejor, era más barato que el vino. En el último viaje que hice, dos campañas después, tardé cuatro horas.

Lo primero al llegar: salacot, quinina y mosquitero

Los años que van desde principios del siglo hasta los años cuarenta tuvieron que ser muy duros y difíciles para adaptarse.

Yo llegué allí en el año 35. Los primeros años que estuve fueron muy difíciles, ¡pero mucho! No había nada hecho. ¡Había que hacerlo todo! La luz se obtenía a partir de lámparas de petróleo, para secar el cacao todo lo hacíamos a mano, y hacía un calor… ¿Qué pensáis, que teníamos cubitos de hielo para refrescarnos? ¡Ya te darán! Un trozo de hielo que se iba deshaciendo.

El salacot, la quinina y el mosquitero no podían faltar: el salacot era el sombrero, la quinina era la pastilla antipalúdica, y el mosquitero, para poder dormir.

El cambio de país era muy grande: el clima, la gente, la lengua…

Al llegar a la isla lo primero que sentías al bajar del avión era una oleada de calor en la cara que te quemaba. Una begada estabes bacunau, ya te llebaben a la finca y comensabes a bere als braceros: ¡tots negros! Els primés díes no yebe manera de distinguine cap perque tots te pareseben iguals; dan el tems ya els anabes coneixén.

Dispués comensaban a treballá: a lo primero estaban uns mesos dan un encargau de así de la ball que ya en sabebe y mos amostrabe com anabe tot. Y aixó mos balebe molto perque cuan arribes a un puesto així tot te resulte mol desconeixeu: la chen, la fayena, la lluenga… ¡Els primés díes no te n'enterabes de res!

El tems

La temperatura més altera de la ball de Benás no suele puyá mes de 33 °C a la sombra. La mínima no acostumbre a pasá de −12 °C. A begades baixe més y la chen ya encomense a di que "fa un caló raro". A la ball de Benás l'ibert ye, y se fa, molto més llargo que l'estiu, que pase sin donate cuenta.

El cllima de la isla ye ecuatorial; la temperatura micha ye altera, d'uns 26 °C, y ronde entre 17 °C y 35 °C tot l'an. La umedá ye mol gran, una micha del 90%, y pllou molto al cabo l'an, y aixó fa que siguen terres mol buenes en tals cultibos tropicals.

Arribats així, cal preguntase: ¿sabeben els que baixaben t'allí que anaben a pasá del chelo de la nebera al caló del fort?, ¿teniben cllaro que s'anaben a ganá el pan dan el sudó, no solo de la fren, sino dan el de la cabesa als peus? De lo que estem ben seguros ye que pels poros de la suya pell ban

vez vacunado, ya te llevaban a la finca y empezabas a ver braceros: ¡todos negros! Los primeros días no había manera de distinguirlos porque todos te parecían iguales; con el tiempo ya los ibas diferenciando.

Después empezábamos a trabajar: al principio estábamos unos meses con un encargado de aquí del valle que ya sabía cómo funcionaba aquello y nos enseñaba cómo iba todo. Y eso nos ayudaba mucho, porque cuando llegas a un lugar extraño te resulta todo desconocido: la gente, el trabajo, la lengua… ¡Los primeros días no te enterabas de nada!

El clima

La temperatura máxima del valle de Benasque no suele subir más de 33 °C a la sombra. La mínima no acostumbra a pasar de −12 °C. A veces baja más y la gente empieza a decir que "hace un calor raro". En el valle de Benasque el invierno es, y se hace, más largo que el verano, que pasa sin darte cuenta.

El clima de la isla es ecuatorial; la temperatura media es alta, de unos 26 °C, y oscila entre 17 °C y 35 °C todo el año. La humedad es muy elevada, una media del 90%; llueve mucho al cabo del año y eso hace que las tierras sean muy buenas para los cultivos tropicales.

Llegados a este punto, hemos de preguntarnos: ¿sabían los que allí bajaban que iban a pasar del hielo de la nevera al calor del horno?, ¿tenían claro que se iban a ganar el pan con el sudor, no solo de su frente, sino con el de la cabeza a los pies? De lo que estamos seguros es que por los poros de su piel llegaron a entender lo que hasta entonces solo

RESUMEN DE LAS OBSERVACIONES DURANTE EL AÑO 1909. EN BANAPA

Mes.	Termómetro.		Pluviómetro.
Enero	18	35	177mm.
Febrero	21	33	137
Marzo	21	34	157
Abril	22	33	93
Mayo	22	33	356
Junio	20	31	331
Julio	20	27	152
Agosto	19	30	281
Sepbre	20	31	403
Octubre	21	32	109
Novbre	19	34	156
Dicbre	34	19	115
			2.477mm.

La Guinea Española, 10 de chinero de 1910.
Se puede bere que la temperatura ye mol igualada tots els mesos de l'an.

La Guinea Española, 10 de enero de 1910.
Se puede observar que la temperatura es muy igualada durante todos los meses del año.

arribá a entenre lo que hasta a la begada solo sabeben els més apllicats: que el 66% del cuerpo umano ye aigua.

Aixi coma así tenim cuatre estasions y cada una dure tres mesos, a la isla solo en tienen dos de sies mesos. Se disen la temporada de plloure y la temporada de la seca.

A la temporada de la seca, que acostumbre a aná de nobiembre a abril, no pllou brenca y siempre fa sol y caló; un caló mol seco, bochornoso, lo que así se diu ardó. Ye el caló de l'ecuadó. Ta la seca els treballadós aprobechen ta fé els desbosques dels terrenos (que ye preparalos en ta podé cultibalos) y fan la lleña tals secadés y la poda del cacau. Tamé fan els camins y les carreteres t'arribá a les finques y sirculá per dintro d'elles. Y sobre tot apañá els destrosos que dixe la temporada de plloure.

En cambio, ta la temporada de plloure, que ba més u menos d'abril a octubre, y a begades hasta nobiembre, so fa que plloure; y pllou seguiu y abundante, moltes ores y a begades díes y díes sin pará, coma si del sielo tirasen forrades pllenes d'aigua. Pero encara que uno se bañe no pase res, perque no fa brenca fret. Yere normal podé pillá tabelletes tots els díes en sies mesos. Als mesos de agosto y setiembre ye normal que pllougue entre quinse y bint y sinc díes cada mes. Baixen els ríos mol pllenos y se n'arrastren abres y mates que s'en lleben els puens. Dan tanta aigua la yerba y els cultibos creixen y creixen sin pará.

Y entre una temporada y altra, o sigue, en els mesos d'octubre-nobiembre y marso-abril, ye temporada de tornaus, de aires mol forts y tronades al mar que anunsien el cambio de temporada.

los más entendidos sabían: que el 66% del cuerpo humano es agua.

Así como aquí tenemos cuatro estaciones y cada una dura tres meses, en la isla solo tienen dos estaciones de seis meses. Se llaman la estación de lluvias y la estación de la seca.

En el período de la seca, que acostumbra a ir de noviembre a abril, no llueve nada y siempre hace sol y calor; un calor muy seco, bochornoso, lo que aquí se llama ardor. Es el calor del ecuador. En la seca los trabajadores aprovechan para deforestar terrenos (que es prepararlos para poder cultivarlos) y hacen la leña para los secaderos y la poda del cacao. También hacen los caminos y las carreteras para llegar a las fincas y circular por dentro de ellas. Y sobre todo arreglar los destrozos que deja la temporada de lluvias.

En cambio, en la época de lluvias, que va más o menos de abril a octubre, y a veces hasta noviembre, no hace otra cosa que llover; y llueve seguido y abundante, muchas horas y a veces días sin parar, como si del cielo tiraran cubos llenos de agua. Pero aunque uno se moje no pasa nada, porque no hace nada de frío. Era normal poder recoger judías verdes todos días durante esos seis meses. En los meses de agosto y septiembre es normal que llueva entre quince y veinticinco días al mes. Bajan los ríos con mucho caudal y arrastran árboles, matas y se llevan puentes. Con tanta agua la hierba y los cultivos crecen y crecen sin parar.

Y entre una estación y otra, o sea, en los meses de octubre-noviembre y marzo-abril, es época de tornados, de aires muy fuertes y tormentas en el mar que anuncian el cambio de estación.

Ramón Pascual, de Casa Farrero de Bisaurri, dan la pell de una boa.

Ramón Pascual, de Casa Farrero de Bisaurri, con la piel de una boa.

La lluenga

Els que ban marchá no eben anau a cap academia de idiomas ni eben feto cursos per correspondensia en ta apenre la llengua que allí se charrabe. Charraben el patués (aixó sí, ben charrau), el castellano (en bells casos, chusto) y alguno charraríe algo de fransés. Per aixó que ban tinre que apenre a tota mecha la lluenga que allí se charrabe y en la que s'enteneben tots: el *pichinglis* (*pidchin-english*), que benibe a está una mesclla de inglés dan un poquet d'africano y un altro poquet de castellano.

Cuan bé arribá yo allí, de castellano res, ni negros ni bllancos. Allí charraben el pichinglis, *que ye una mesclla de inglés, castellano y lo que charraben els d'allí. A l'arribá, Julio mos donabe una llista de les palabres que més se feben serbí. El bé apenre enseguida. A lo primero sabeba tres u cuatre palabres només:* waca quic *y* bringchop, *que quere di 'marcha aprisa' y 'porta minchá'.*

***

Yo bé apenre el pichinglis *y tamé el* contrictoc; *alló sí que yere el patués d'allí: yere africano. ¡Pues m'enteneba dan ells!*

Güe en día, pasats sincuanta ans u més, encara se n'acorden.

La isla

La isla ye a la puerta del Ecuadó.

Disen que la isla ba naixé d'una esplosion bolcánica. El solero de mols puestos de la isla ye laba. Les playes son

La lengua

Los que marcharon no habían ido a ninguna escuela de idiomas ni habían hecho cursos por correspondencia para aprender la lengua que allí se hablaba. Hablaban el patués (eso sí, bien hablado), el castellano (algunos, escaso) y otros algo de francés. Por eso tuvieron que aprender a toda prisa la lengua que allí se hablaba y en la que se entendían todos: el *pichinglis* (*pidchin-english*), que venía a ser una mezcla de inglés con un poco de africano y un poco de castellano.

Cuando llegué yo allí, de castellano nada, ni negros ni blancos. Allí hablaban el pichinglis, *que era una mezcla de inglés, castellano y lo que hablaban ellos allí. Al llegar, Julio nos daba una lista de las palabras que más se utilizaban. Lo aprendí enseguida. Al principio sabía tres o cuatro palabras solamente:* waca quic *y* bringchop, *que quiere decir 'marcha deprisa' y 'trae comida'.*

***

Yo aprendí el pichinglis *y también el* contrictoc; *eso sí que era el patués de allí: era africano. ¡Pues me entendía con ellos!*

Hoy en día, pasados cincuenta años o más, aún se acuerdan.

La isla

La isla está en la puerta del Ecuador.

Dicen que la isla nació de una explosión volcánica. El suelo mayoritariamente es de lava. Las playas son negras y en los

negres y als ibons se beden els cráters dels bolcans. Se trobe al bell mich del golfo de Guinea, a unes 20 milles de la costa. Y la berdá ye que masa gran no hu ye, perque tiene 2017 quilómetros cuadraus, o sigue, a ojo cubero més u menos 70 quilómetros de llargo per 30 d'ampllo. En ta femos una idea y entenemos: en mides del nuestro país, benríe a está de llarga desde Benás a Graus y de amplla desde Chía a Les Paúls, palmo més, palmo menos.

Según bas puyán desde el mar puets trobá distintes clases de terreno: desde la playa hasta uns 500 metros ye buen terreno ta pllantá el cacau, el café, la caña d'asucre, el tabaco, el coco, la canela, la bainilla y altres pllantes; a micha puyada, desde els 500 metros hasta els 1000, s'i críe el bestiá, ya que allí la salut del bestiá no pateixe tanto per les picadures dels bichos; de 1000 metros en t'alto y hasta 1800 ye agón se fan els abres que pueden balre ta madera, y de 1800 en t'alto pase coma a la nuestra ball: els abres ya no creixen y se bey tot pelau.

Ta femos una idea, pensa com se bede desde la serra de Chía el pico Gallinero y el Solano. Abaixo de tot, lo que ye el pllano de Castilló, seríen les pllantasions del cacau, que ye agón yeren les finques dels nuestros. A la alsada del Solano, Llire, Urmella, Sos…, s'i poríe criá el bestiá y allí campaben els poblaus dels bubis; la ragón yere en ta defendese milló dels ataques que en altros tems beniben pel mar. Més en t'alto y a la alsada del Labert, ya yere bosque y, alto de tot, el pico Gallinero faríe les begades del pico de Moka.
La isla ye mol maja. ¡Molto!

lagos se ven los cráteres de los volcanes. Se encuentra justo en medio del golfo de Guinea, a unas 20 millas de la costa. Y la verdad es que demasiado grande no es, porque tiene 2017 kilómetros cuadrados, o sea, a ojo de buen cubero, más o menos 70 kilómetros de largo por 30 de ancho. Para hacernos una idea y entendernos: en medidas de nuestro país, vendría a ser de larga desde Benasque hasta Graus y de ancha desde Chía hasta Las Paúles, palmo más, palmo menos.

Según se va subiendo desde el mar distinguimos tres zonas: desde la playa hasta unos 500 metros es buen terreno para plantar cacao, café, caña de azúcar, tabaco, coco, canela, vainilla y otras plantas; a media ladera, desde los 500 metros hasta los 1000 se crían los ganados, ya que allí su salud no sufre tanto por las picaduras de los insectos; desde los 1000 hasta los 1800 es donde crecen los árboles que pueden servir para madera, y a partir de 1800 metros pasa como en nuestro valle: los árboles ya no crecen y se ve todo pelado.

Para hacernos una idea, piensa cómo se ve desde la sierra de Chía el pico Gallinero y el Solano. Abajo del todo, lo que es el llano de Castejón, serían las plantaciones de cacao, que era donde estaban las fincas de los nuestros. A la altura del Solano, Liri, Urmella, Sos…, se podría criar el ganado, y allí vivían los poblados de los bubis; la razón era el poder defenderse mejor de los ataques que en otros tiempos venían por el mar. Más arriba, a la altura de Labert, ya habia bosque y, en la parte más alta, el pico de Gallinero haría las veces del pico de Moka.
La isla es muy bonita. ¡Mucho!

Ixa umedá que tiene l'achude a que tot estigue mol bert y en unes pllantes que creixen sin pará. Uns abres tan grans coma campanals, un fimero de cascades d'aigua que baixe del pico, un puyal de barrancs y fuens que corren per tots els puestos, l'aigua que cai ta la temporada de plloure s'embalse als cráters que encara queden dels bolcans d'antes. Y tanta fuella a la isla tape els rayos del sol y no dixe que l'aigua que corre pel solero s'ebapore.

La ball de Moka s'estene entre les montañes que lleben el suyo nom; ye una de les comarques més poétiques de Fernando Poo y la milló en ta criá el bestiá, tanto per la yerba que sall coma per la buena temperatura. Allí teniben un potrero mol gran: podebe yabre més de 1000 cabeses de bacume, 300 u 400 güelles y una bintena de caballs. Yebe frutes tropicals de totes clases (piñes, banana, aguacate, mango…), abres mol grans que podeben arribá a 40 u 50 metros d'alsada, moltes clases de bichos…; en fín, el que no hu bede no hu puede creure: un paraíso.

Y tamé yebe selba. Molta selba. Així, a Europa, cuan charrem de la *propiedad*, distinguim entre dos clases: la *rústica* y la *urbana*; allí encara yei un altra categoría: la *selba*. O sigue, la propiedá a Guinea puede está urbana, rústica y selba. Y a la selba, ¡ah, redeu!, mai se sabe lo que se te puede aparesé ni lo que te puede acontesé, perque els que allí biben encara son insibilisats, que ye lo mismo que furros, y lo més fásil cuan te troben per allí ye, d'entrada, que se te minchen u que te deboren en un santiamén, sin miramientos, sin preguntate y sin tinre la educación de presentase: si no les fas goy, se te foten y, ¡au, ta qué i benibes,

Esa humedad que tiene hace que todo esté muy verde y las plantas crecen sin parar. Unos árboles grandes como torres, un sinfín de cascadas de agua que bajan de los picos, muchos barrancos y fuentes que discurren por todos los sitios, el agua que cae en la temporada de lluvias se embalsa en los cráteres que quedan de los volcanes. Y tanta vegetación en la isla tapa los rayos del sol y no deja que el agua que corre por el suelo se evapore.

El valle de Moka se extiende al pie de las montañas que llevan su nombre; es una de las comarcas más poéticas de Fernando Poo y la mejor para la cría de ganado, tanto por la hierba como por la buena temperatura. Allí tenían un potrero muy grande: podía haber 1000 cabezas de vacuno, 300 ó 400 ovejas y una veintena de caballos. Había frutas tropicales de todas clases (piñas, bananas, aguacates, mangos…), árboles muy grandes que podían llegar a 40 ó 50 metros de altura, muchas clases de animales…; en fin, el que no lo ha visto no lo puede creer: un paraíso.

Y también había selva, mucha selva. Aquí, en Europa, cuando se habla de *propiedad*, se distinguen dos clases: la *rústica* y la *urbana*. Allí aún hay otra categoría: la *selva*. Es decir, la propiedad puede ser urbana, rústica y selva. Y en la selva, ¡ah, rediós!, nunca se sabe lo que se te puede aparecer o lo que te puede acontecer, porque los que allí viven están todavía incivilizados, que es lo mismo que salvajes, y lo más fácil cuando te encuentran por allí es, de entrada, que se te coman o te devoren en un santiamén, sin miramientos, sin preguntarte y sin tener la educación de presentarse: si no les gustas, te devoran y ¡para qué venías si nadie te ha llamado!

Dispués de casá una boa, José Ribera, de Casa Billapllana de Llire; Jesús Barrau, de Casa Oros; Jesús Mora, de Casa Cornell; Juan Mur, de Casa Dorotea; Dámaso Abentín, de Casa Taberna y Ramón Martín, de Casa Matías. Els sinc de Chía, a la dreta.

Después de cazar una boa, José Ribera, de Casa Villapllana de Llire; Jesús Barrau, de Casa Oros; Jesús Mora, de Casa Cornell; Juan Mur, de Casa Dorotea; Dámaso Aventín, de Casa Taberna y Ramón Martín, de Casa Matías. Los cinco de Chía, a la derecha.

que digú t'ha gritau! Y no cal que el bicho sigue més gran u més fort que tú, no. Cualquier merdereu de cuc u de mosquín te tumbe, y sin demaná permiso, ni llisensia a la Casa de la Bila, ni orden chudisial, ni dios que te la crió… Allí la única lley ye… ¡¡¡la lley de la selba!!!

A yo me febe goy colame a la selba, pero siempre anaba acompañau de uns cuans natibos que se la coneixeben be. Ye mol peligrosa. ¡Sí, jodo, coma ta colase-ie solo!

***

Yebe abres mol grans; ta tallalos tenibes que fé un andamio de 6 u 7 metros. Ocupaben més terreno que ista casa. Me'n acordo d'un abre que ta tallalo bem empllegá 17 astrals (una per cada bena). Els obrés que el tallaben le ban preguntá a l'encargau que si cuan acabasen ya poríen marchá (pensán que acabaríen ixo mismo día). Pero ban arriba les tres de la tardi y… ¡sí, sí, a les dos de l'altro día ba caire! La madera yere floja: no balebe ni ta lleña. Tamé yebe abres que teniben tantes fuelles que no yeren buens ta la pllantasión.

***

Yo bé minchá boa de 10 u 12 metros. Bedeba minchá allí a un capatás y le digo: —¿Qué ye ixa carne?
Y me diu:
—Ye boa, dan aseite de palma.
—Dona-me'n.
Ubres una boa d'ixes y pel bell mich, per la canal…, ye coma una güella de gran. Se minchaben els crabidos coma si nada. ¡Qué chulles, tú! Les pillaben cuan desboscaben: cuan sacaben la cabesa les jodeben dan els machetes. Alló yere una película.

Y no hace falta que el bicho sea más grande o más fuerte que tú. Cualquier mísero mosquito te tumba, y sin pedir permiso, ni licencia al Ayuntamiento, ni orden judicial, ni dios que te la crió… Allí la única ley es… ¡¡¡la ley de la selva!!!

A mí me gustaba ir a la selva, pero siempre iba acompañado de unos cuantos nativos que se la conocían bien. Es muy peligrosa. ¡Sí, jodo, como para meterse allí solo!

***

Había árboles muy grandes; para cortarlos tenías que hacer un andamio de 6 ó 7 metros. Ocupaban más terreno que esta casa. Me acuerdo de un árbol que para cortarlo empleamos 17 hachas (una para cada raíz). Los obreros que lo cortaban le preguntaron al encargado que si cuando acabaran ya podrían marchar (pensando que acabarían ese mismo día), pero llegaron las tres de la tarde y… ¡sí, sí, a las dos del día siguiente cayó! La madera era blanda, no valía ni para leña. También había árboles que tenían tantas hojas que no eran buenos para la plantación.

***

Yo comí boa; medía unos 10 ó 12 metros. Vi comer a un capataz y le pregunté:
—¿Qué es esa carne?
Y me dijo:
—Es boa, con aceite de palma.
—Dame.
Abres una boa de esas en canal…, es como una oveja de grande. Se comían los cabritos como si nada. ¡Qué filetes, tú! Las cogíamos cuando deforestábamos: cuando sacaban la cabeza las matábamos con el machete. Aquello era una película.

Els chermans Fernando y Carlos Rami dan els *boys* Simón y Sinforosa.

Los hermanos Fernando y Carlos Rami con los *boys* Simón y Sinforosa.

La chen d'allí

Se ban trobá no solo dan una chen d'un altro coló, sinó de cultura, d'istoria y de lluenga distinta. Chen europea y chen africana yeren chuntos a la isla. Dos cultures, dos religions, dos estilos de bere la bida combibiben coma buenamente podeben y sabeben. De colonos europeos, ademés dels españols en yebe de portuguesos, ingleses, alemans, rusos y… de la ball de Benás.

Pel coló de la pell, ademés dels bllancos y els negros en yebe mulatos (mesclla de bllanco y negra) zambos (negro y mulata) y cuarterons (bllanco y mulata) y altros colós de pell a seguntes dels cruses. Entre la chen de coló calebe distinguí els natibos de la isla, que les diben *bubis*, y els braceros, que podeben binre de la Guinea continental u de Nigeria, Liberia, Sierra Leona, Camerún, Senegal u d'altros países de l'África. A la Guinea continental, una de las rases de més importansia ye la que se diu *fang*, de la que biene el ara presidente Teodoro Obiang.

Els bubis yeren els primés pobladós de la isla; desde la llarga temporada de la trata de negros s'eben teniu que defendé del bllanco y se les ebe considerau siempre coma mol peliadós y defensós de lo suyo: de cap manera consentiben benre als suyos chermans. Ta finals del siglo xix, cuan el bllanco ba encomensá a tirá ta debán el cultibo del cacau, el bubi se dedicabe als cultibos tradisionals coma l'aseite de palma o el ñame, a casá y pescá y apañá el güerto. Conforme el bllanco anabe fen més grans els terrenos del cacau, el bubi ba tinre que adaptase: primero se ba

Los habitantes

Se encontraron no solo con gente de otro color, sino con una cultura, una historia y una lengua diferentes. Europeos y africanos compartían la isla. Dos culturas, dos religiones y dos estilos de vida convivían como buenamente podían y sabían. De colonos europeos, además de los españoles, había portugueses, ingleses, alemanes, rusos y… del valle de Benasque.

Por el color de la piel, además de blancos y negros había mulatos (mezcla de blanco y negra), zambos (negro y mulata), cuarterones (blanco y mulata) y otros colores de piel según los cruces. Entre la gente de color había que distinguir los nativos de la isla, que se llamaban *bubis* y los braceros, que podían venir de Guinea continental o de Nigeria, Liberia, Sierra Leona, Camerún, Senegal u otros países de África. En Guinea continental, una de las etnias más importante es la formada por los llamados *fangs*, de la cual es originario el actual presidente Teodoro Obiang.

Los bubis fueron los primeros pobladores de la isla; desde la época de la trata de negros se habían tenido que defender del blanco y se les había considerado siempre como muy guerreros y defensores de los suyos: de ninguna manera consentían vender a sus hermanos. A finales del siglo xix, cuando el blanco empezó a relanzar el cacao, el bubi se dedicaba a los cultivos tradicionales como el aceite de palma o el ñame, a cazar, pescar y cuidar el huerto. A medida que el blanco hacía mayores las plantaciones de cacao, el bubi tuvo que adaptarse: primero arrendó sus

dedicá a arrendale les suyes finques al europeo y dispués ba cultibales ell mismo empllegán braceros.

La chen d'allí de tota la bida, els que ban naixé a la isla, se les diu els bubis; ye coma si arribases así a la ball de Benás y te trobases a un trabuco de Saúnc u a un matasaps de Castilló, pues lo mismo.

Els bubis bibiben a micha costera, mai eben estau a la man d'abaixo de la isla, agón yeren les finques y les playes. Així yeren més resguardats de la chen que arribabe de fora pel mar. No treballaben a les finques per cuenta del bllanco: l'arrendaben les finques y buscaben fayena a les ofisines, de conductós, de mecánicos..., dels ofises.

No pensaben coma nusaltros. Teniben la suya parseleta al costau de la chosa; salliben a la puerta y allí teniben un güerto y un platanero, una mata de malanga, que ye la trunfa d'así, la palma ta fé aseite y bino... y pillaben la escopeta y mataben un parell d'esquirols cuan teniben fame.

No les faltabe de res: si no queriben treballá no teniben perqué fe-hue y, la berdá, que mols bibiben aixi.

***

Nusaltros no puyaban mai als poblats; cada poblau tenibe su jefe, que se dibe el botuco; tots els bubis yeren mol instruits perque els misionés els eben amostrau moltes coses; ara be, lo que no les eben amostrau yere a que les fese goy treballá. Les que de berdá treballaben allí yeren les dones.

fincas al europeo y después las cultivó él mismo empleando braceros.

A los habitantes de allí de toda la vida, a los que nacieron en la isla, se les llamaba bubis. Es como si llegaras al valle de Benasque y te encontraras a un trabuco de Sahún o a un matasapos de Castejón, pues lo mismo.

Los bubis vivían en el interior, a media altura, y nunca habían estado en la parte baja de la isla, donde estaban las fincas y las playas. Allí estaban más protegidos de los extraños que llegaban por el mar. No trabajaban en las fincas del blanco: les arrendaban sus fincas y buscaban trabajo en oficinas, de conductores, de mecánicos..., en diferentes oficios.

No pensaban como nosotros. Tenían su parcela al lado de la choza; salían a la puerta y allí tenían un huerto, un platanero, una mata de malanga (patatas de aquí), la palma para hacer aceite, vino... y cogían la escopeta para matar ardillas cuando tenían hambre.

No les faltaba de nada: si no querían trabajar no tenían por qué hacerlo, y la verdad es que muchos vivían así.

***

Nosotros no subíamos nunca a los poblados; cada poblado tenía su jefe, al que llamaban botuco; todos los bubis estaban bien instruidos porque los misioneros les habían enseñado muchas cosas; ahora bien, no les habían enseñado a que les gustara trabajar. Las que de verdad trabajaban eran las mujeres.

La Guinea Española, 25 de mayo de 1945.
Malabo ba está un jefe dels bubis; tamé hu ban está Moka y Bioko. Els noms d'ara de la isla, de la capital y de la ball de Moka son per istos personaches.

La Guinea Española, 25 de mayo de 1945.
Malabo fue un jefe de los bubis; también lo fueron Moka y Bioko. Los nombres actuales de la isla, de la capital y del valle de Moka se pusieron en honor de estos personajes.

Braceros

Desde que els bllancos ban encomensá a dedicase a la agricultura a la isla, el problema més gran que ban tinre ba está la falta de braceros u chen ta treballá a les finques. Ta primés de siglo istos chornalés beniben de la man continental de Guinea, y entre que les pllantasions yeren chiques la cosa ba aguantá, pero cuan les empreses ban encomensá a fé grans pllantasions faltabe molta chen siempre. En t'apaña-hue se ba recllutá chen dels países del costau: ta 1914 ban fé un tratau dan Liberia, ta 1934 dan Camerún y ta 1942 dan Nigeria.

Els braceros yeren la chen de rasa negra que treballaben a les finques. Casi tots beniben de Nigeria dan un contrato; altros beniben de Camerún u de bell altro puesto. Al prinsipe, coma els bubis no queriben treballá tal bllanco, ban aministé als del continén, hasta que ban dixá de binre. A la begada beniben de Nigeria en un cayuco, que ye un tronco d'un abre mol gran, pió que le pateres de güe. Se'n baleben de la lluna y les estrelles ta nabegá y algunos arribaben, pero mols s'ufegaben.
Bedén com anaben les coses, ban fé un combenio entre el Gobierno español y el inglés y se ban fé les coses entrasa: ya beniben en barco y dan un contrato feto.

El bracero ba está el elemento cllau ta que creixese la agricultura de la isla de la manera que hu ba fé tals ans sincuanta y ta sacá tanta riquesa coma se ba sacá. No solo la agricultura, sinó tamé el comersio de la isla ba creixé, perque la mitá del chornal que cobraben l'empllegaben en comprá coses.

Braceros

Desde que los blancos empezaron a dedicarse a la agricultura en la isla, el problema más grande que tuvieron fue la falta de braceros o gente para trabajar en las fincas. A principios de siglo los jornaleros venían de la zona continental de Guinea, y mientras las plantaciones fueron pequeñas fueron suficientes, pero cuando las empresas empezaron a hacer grandes plantaciones siempre faltaba mano de obra. Para arreglarlo se reclutaron trabajadores de los países próximos: en 1914 se firmó un tratado con Liberia, en 1934 con Camerún y en 1942 con Nigeria.

Los braceros eran gente de raza negra que trabajaban en las fincas. Casi todos venían de Nigeria, con contrato; otros venían de Camerún o de otros lugares. Al principio, como los bubis no querían trabajar para los blancos, necesitaron a los habitantes del continente, hasta que dejaron de venir. Entonces venían de Nigeria en cayuco, que es un tronco de un árbol muy grande, peor que las actuales pateras. Se ayudaban de la luna y las estrellas para navegar y algunos llegaban, pero muchos se ahogaban.
Viendo cómo iban las cosas, firmaron un convenio entre el Gobierno español y el inglés y se hicieron las cosas bien: ya venían en barco y con un contrato.

El bracero fue el elemento clave para que creciera la agricultura de la isla de la manera que lo hizo en los años cincuenta y para obtener tanta riqueza como se consiguió. No solo creció la agricultura, sino también el comercio de la isla, porque la mitad del sueldo que cobraban los braceros lo empleaban para comprar cosas.

Fiesta del bracero
CÁMARA AGRICOLA OFICIAL DE FERNANDO POO
INVITACION

La Comisión gestora tiene el gusto de recordar al Agricultor Isleño y Continental que el 1.º de mayo próximo a las cuatro y media de su tarde celebrará la Cámara Agrícola Oficial de Fernando Poo en su domicilio social la FIESTA DEL BRACERO otorgándose cinco premios de 200 pesetas a braceros acreedores a ellos por su buen comportamiento.

La fiesta será enaltecida con la presencia del Excmo. Señor Gobernador. Para recibirle y para recibiros se hace en obras y preparativos mucho.

La Guinea Española, 30 d'abril de 1933.
La Guinea Española, 30 de abril de 1933.

Feben de manobra a les finques y algunos yeren encargaus, altros feben fayenes de la casa, coma cosinés, cuidá el güerto y les gallinas u casadós d'esquirols y altros bichos. Teniben un primer contrato en ta dos ans; dispués podeben combení el chornal en un altro contrato d'an y mich, encara que solo se les pagabe a ells la mitá, y l'altra mitá se les donabe cuan arribaben al suyo país; d'ista manera estalbiaben a la forsa y el suyo Gobierno s'aseguraba unes dibises.
Se les donabe una rasión de minchá de pescau seco, aseite de palma, malanga o yuca y arrós que benibe de Balensia. Ademés podeben pllantá berdures a una man de la finca y podeben comprales carne als casadós.

En yebe que beniben y dan una campaña se'n tornaben; en yebe que estalbiaben en ta pagá la dote ta casase dan una guineana y se dedicaben a cultibá les suyes finques o ubriben bella tiendeta u bar u altros negosios, y ya no tornaben. A Santa Isabel podeben tinre ells y, sobre tot els fills, una educasión, unes atensions a l'espital y, enfín, una bida que al suyo país mai aríen podeu soniá.

En yebe de tots, pero en yebe algunos que teniben un braso que febe dos cames tuyes. Els bedebes binre en el barco: alguns yeren casi uns críos y beniben despullats de tot y en els güesos. Cuan al cabo d'uns ans tornaben tal suyo país, les ebe creixeu la musculatura y yeren forts, pesaben el doble y llebaben un fardo de coses a la cabesa, dan cuartos a la pocha y mols se'n llebaben una máquina de cusí.

Eran peones en las fincas y algunos eran encargados, otros hacían tareas en la casa como cocineros, cuidando el huerto y las gallinas o como cazadores de ardillas u otros animales. Tenían un primer contrato de dos años; después podían acordar el sueldo en otro contrato de año y medio, aunque solo se les pagaba a ellos la mitad, y la otra mitad se les daba cuando retornaban a su país; de esta manera ahorraban a la fuerza y su Gobierno se aseguraba unas divisas.
Se les daba de comer una ración de pescado seco, aceite de palma, malanga o yuca y arroz procedente de Valencia. Además podían plantar verduras en una parte de la finca y comprar carne a los cazadores.

Algunos venían y pasada una campaña se volvían a ir; otros ahorraban para pagar la dote y casarse con una mujer guineana y para dedicarse a cultivar sus fincas o abrir una tienda o un bar u otros negocios, y ya no volvían. En Santa Isabel podían tener ellos, y sobre todo sus hijos, una educación, unos cuidados hospitalarios y, en fin, una vida que en su país nunca habrían podido soñar.

Había de todo: había algunos que tenían un brazo que hacía como dos piernas tuyas. Los veías venir en el barco: algunos eran casi unos críos y venían desnudos del todo y en los huesos. Cuando al cabo de unos años volvían a su país, se les había desarrollado la musculatura y eran fuertes, pesaban el doble y llevaban un fardo de cosas en la cabeza, dineros en el bolsillo y muchos se llevaban una máquina de coser.

***

Yeren una chen mol presumida: cuan anaben a Santa Isabel les febe goy llebá pantalón y camisa bllanca, cuartos a la pocha y beubre güisqui.

***

El negro ye mol pillo, no te diu mai que sí ni que no: ¡malo! Te diu a tot que sí y luego fa lo que le done la gana.
—Pero no te he dicho que…
—Sí.
—Y no te he dicho que…
—Sí.
—Pues entonces, ¿por qué haces todo lo contrario?
—Sí.
En ta ells, di mentires no tiene masa importansia. Bueno, ¡coma ta nusaltros!

La bida a la finca

Teniban un cosinero que se dibe Cuk, y un criau que se dibe Garrimboy y que se'n ocupabe del güerto, les gallines, repllegá els ous…; en teniban un altro que se'n cuidabe de fé el llit, de serbí la mesa, de prepará l'aigua ta llabase els peus cuan arribaben els omes, de que cuan mos llebantasan estase el café preparau a la mesa, les sapatilles y les botes a su puesto… Y tamé un casadó, que yere l'encargau de matá els esquirols y els fritambos *(coma uns antílopes); els esquirols se minchaben el cacau y feben mal a la cosecha. A cada finca yebe lo menos un casadó d'esquirols; els esquirols de allí yeren casi el doble de grans que els d'así y ademés en yebe uns que les diben* boladós *perque teniben unes ales ta bolá pllano entre els abres.*

Era gente muy presumida: cuando iban a Santa Isabel les gustaba llevar pantalón y camisa blanca, dinero en el bolsillo y beber whisky.

***

El negro es muy vivo, no te dice nunca ni que sí ni que no: ¡malo! Te dice a todo que sí y luego hace lo que le da la gana.
—Pero no te he dicho que…
—Sí.
—Y no te he dicho que…
—Sí.
—Pues entonces, ¿por qué haces todo lo contrario?
—Sí.
Para ellos decir mentiras no tiene importancia. Bueno, ¡como para nosotros!

La vida en la finca

Teníamos un cocinero que se llamaba Cuk, y un criado que se llamaba Garrimboy que se ocupaba del huerto, de las gallinas, de recoger los huevos…; había otro que se dedicaba a hacer las camas, servir la mesa, preparar el agua para lavarse los pies cuando llegaran los trabajadores, tener el café preparado en la mesa cuando nos levantásemos, guardar las zapatillas y las botas en su sitio… Y también un cazador, que era el encargado de matar las ardillas y los *fritambos (una especie de antílopes)*; las ardillas se comían el cacao y estropeaban la cosecha. En cada finca había al menos un cazador de ardillas, que eran casi el doble de grandes que las de aquí, y además había unas a las que

Teniban unes 300 gallines, la mayoría sueltes pel bosque; solo beniben a minchá. Mols dels polls que naixeben sel's foteben les culebres; els ous que les gallines poneben al pollero cuan beniben a minchá els apañaban en caixes i els nimbiaban a Santa Isabel: yere una manera de pagá l'arrós que se minchaben.

Yere curioso perque según l'arrós que les donaban poneben ous de distinto coló: si els ie donaban cllaro salliben bllancos i si els ie donaban en aseite de palma salliben del coló del paniso.

***

Moltes coses de les que minchaban les portaben els barcos. Minchaban tota la fruta que queriban i tota tropical, mol buena: papaya, aguacate, mango, piñes, banana… De la caña de asucre se febe asucre i alcol; de la palma se sacabe el aseite ta cosiná i se feben tamé sabons, perfumes i cremes. Els cacagüets anaben abundantes: de cada mata se'n febe un quilo. La naranja no yere dolsa, tenibe suc pero no yere bueno; se quedaben berdoses u amarilles pero mai se doraben. La malanga, que ye coma la trunfa de así, tiene unes fuelles paresedes a les blledes i tamé se fan bullre. De la carne d'allí, minchaban cebú, bisonte del Camerún, búfalo; ista ye mol dolsa, parese que l'aiguen foteu asucre.

Teniban una casa buena. El puesto de les finques agón se febe la bida se dibe el patio; yebe finques que yeren tan grans que teniben dos u tres patios. Al patio iguere la casa agón bibiben els encargats i els barracons agón feben la bida els braceros. Istos, si yeren casats, teniben un barracón ta ells sols i si yeren soltés compartiben un barracón cada

decían voladoras *porque tenían unas alas para planear entre los árboles.*

Teníamos unas 300 gallinas, la mayoría sueltas por el bosque; solo venían a comer. A muchos pollitos que nacían se los comían las culebras; los huevos que las gallinas ponían cuando venían a comer los apañábamos en cajas y los enviábamos a Santa Isabel: era una forma de pagar el arroz que se comían.

Era curioso porque según el arroz que les dábamos ponían huevos de distinto color: si se lo dábamos blanco salían blancos y si se lo dábamos con aceite de palma salían de color panizo.

***

Muchas cosas de las que comíamos las traían los barcos. Comíamos toda la fruta que queríamos y toda tropical, muy buena: papaya, aguacate, mango, piñas, banana… De la caña de azúcar se obtenía azúcar y alcohol; de la palma se sacaba el aceite para cocinar y se hacían también jabones, perfumes y cremas. Los cacahuetes eran abundantes: de cada mata se obtenía un kilo. La naranja no era dulce, tenía jugo pero no era bueno; se quedaban verdosas o amarillas pero nunca se doraban. La malanga, que es como una patata de aquí, tiene unas hojas parecidas a las acelgas y también se cuecen. De la carne de allí, comíamos cebú, bisonte del Camerún, búfalo; esta es muy dulce, parece que le hayan añadido azúcar.

Teníamos una buena casa. El lugar de las fincas donde se hacía la vida se llamaba patio; había fincas que eran tan

Braceros ensima dels remolques a la finca de Bombe, a punto de marchá ta Santa Isabel u ta San Carlos.

Braceros encima de los remolques en la finca de Bombe, a punto de marchar a Santa Isabel o a San Carlos.

La casa del patio prinsipal de Bombe.

La casa del patio principal de Bombe.

cuatre. Tamé yebe cosines colectibes agón se feben el minchá. Y tot anabe dan gasoi, menos les neberes, que anaben dan petróleo.

***

Estabe tot més abansau que a la Península. Els camions y els coches yeren importats y mol buens. Mos permitiban lujos que a Benás mai aríen podeu soniá: ya bebeban a la begada serbesa Coronita u Calsberg u Krönenburg; y lo mismo que dan la serbesa, dan el güisqui y altres moltes coses. Y es que els barcos que beniben a buscá el cacau beniben cargats de jarsia de primera clase de mols países del mon. Pero estem charrán dels ans sincuanta; en els ans d'antes yere un altra cosa.

***

Allí, a les sies en punto del maitino se fa de día y a les sies de la tardi se fa de nit; així tot el an. No ye coma así, que ta cuan encomense a pasá l'ibert ya sientes di a la chen: "Ya allargue el día, ya se note". Antes se treballabe de sies a sies, pero tals ans sincuanta ya se ba implantá la chornada de sies del maitino a tres de la tardi.

Cuan mos llebantaban de maitino yere mol majo bere com mos despertaban a ritmo del tamtan que tocaben dan les dromes, uns tambós d'ixos africanos de madera bueda. Y sallibe tota la patacada de braceros dels barracons a formá a fora, cada uno dan el grupo que le tocabe; y tot aixó al ritmo de ¡pampatapán, pampatapán, pampatapán! Marchaban tal tajo y allí mos portaben el entemorsá, y a les tres tornaban al patio. Cuan tornabes siempre tenibes que fé bella cosa y sobre tot si yebe turnos de secadés. Els saptes coma si no i fuesen, perque tamé treballaban, y els

grandes que tenían dos o tres patios. En el patio estaban la casa donde vivían los encargados y los barracones donde hacían vida los braceros. Si eran casados tenían un barracón para ellos solos y si eran solteros compartían un barracón cada cuatro. También había cocinas colectivas donde se hacía la comida. Y todo funcionaba con gasoil, menos las neveras, que lo hacían con petróleo.

***

Estaba todo más avanzado que en la Península. Los camiones y los coches eran importados y muy buenos. Nos permitíamos lujos que en Benasque nunca habríamos podido soñar: ya bebíamos cerveza Coronita, Carlsberg o Krönemburg; y lo mismo que con la cerveza, con el whisky y otras muchas cosas. Y es que los barcos que venían a buscar el cacao traían productos de primera clase de muchos países del mundo. Pero estamos hablando de los años cincuenta; en los años anteriores había sido otra cosa.

***

Allí, a las seis en punto de la mañana se hace de día y a las seis de la tarde se hace de noche; así todo el año. No es como aquí, que cuando empieza a pasar el invierno ya oyes decir a la gente: "Ya alarga el día, ya se nota". Antes se trabajaba de seis a seis, pero en los años cincuenta se implantó la jornada de seis de la mañana a tres de la tarde.

Cuando nos levantábamos por la mañana era muy agradable despertarnos al ritmo del tamtan que tocaban con las dromas, unos tambores africanos de madera hueca. Y salía todo el grupo de braceros de los barracones a formar, cada uno en el grupo que le tocaba; y todo eso al ritmo ¡pampatapán, pampatapán, pampatapán! Marchábamos al tajo

dimenches feban fiesta de no sé que mos fese falta prepará bella cosa tal lluns.

***

Treballaban per campañes; cada campaña durabe dos ans y dispués teniban sies mesos de bacasions pagades y te'n podebes binre ta casa. Yo sacaba cuentes: te pagaben sies mesos de bacasions al mismo chornal, o sigue, que si te quedabes treballán, aquells mesos cobrabes doble. Y dispués de binre sies mesos m'i bé quedá cuatre ans seguits. ¡Es que eben baixau allí ta estalbiá! Tamé yebe chen que ebe feto hasta tres y cuatre campañes sin binre.

A lo primero no cobrabes gran cosa y en el tems els chornals anaben puyán. Se treballabe per un sistema de primes o propines, que yere lo que de berdá balebe la pena: teniban un chornal base més les primes, que a begades se cobraben dan un an de retraso y s'anaben dopllán d'acuerdo en els ans que llebabes allí. Les primes yeren un gancho ta que la chen i tornase, perque a begades marchabes de bacasions y te les pagaben cuan tornabes. Yei chen que la ban enganchá d'ista manera y se ba fé bieja allí; yere un sistema mol llaminero. Tamé te premiaben el sé buen treballadó; cuan marchabes de bacasions, si a la empresa l'interesabe que tornases, y hu febes, te puyaben prou el chornal.

Allí, la berdá ye que gastabes poco, perque te pasabes la bida a la finca y solo anabes a Santa Isabel els dimenches, y allí gastabes lo que te costabe el sine y pagá bella ronda de beubre entre els amigos. Y en lo que estalbiabes yere en les bacasions, que te les pagaben.

Ta gastá els dinés yebe un sistema de bales: "Bale per un pantalón" u "Bale per una camisa". Y lo qu'eban gastau en

y allí nos traian el almuerzo, y a las tres volvíamos al patio. Cuando volvías siempre tenías que hacer alguna cosa, sobre todo si había turnos en los secaderos. Los sábados, como si no lo fueran, porque también trabajábamos, y los domingos hacíamos fiesta a no ser que tuviéramos que preparar alguna cosa para el lunes.

***

Trabajábamos por campañas; cada campaña duraba dos años y después teníamos seis meses de vacaciones pagadas y podías irte a casa. Yo sacaba cuentas: te pagaban seis meses de vacaciones con el mismo jornal, o sea, que si te quedabas trabajando aquellos meses cobrabas doble. Y después de venir seis meses me quedé cuatro años seguidos. ¡Es que habíamos bajado allí para ahorrar! También había gente que estaba hasta tres y cuatro campañas sin venir.

Al principio no cobrabas demasiado y con el tiempo los jornales iban subiendo. Se trabajaba con un sistema de primas o propinas, que era lo que valía la pena: teníamos un jornal base más las primas, que a veces se cobraban con un año de retraso y se iban doblando de acuerdo con los años que llevabas allí. Las primas eran un gancho para que la gente volviera, porque a veces marchabas de vacaciones y te las pagaban cuando volvías. A algunos los engancharon de esta manera y se hicieron viejos allí; era un sistema muy goloso. También te premiaban el ser buen trabajador: cuando marchabas de vacaciones, si a la empresa le interesaba que volvieras, y lo hacías, te subían el jornal considerablemente.

Allí, la verdad es que gastabas poco, porque te pasabas la vida en la finca y solo ibas a Santa Isabel los domingos, y

bales hu descontaben del chornal. Per un altra man, el minchá anabe a cargo de la empresa.

El sistema de treball yere un sistema capitalista en tota regla: si a una finca se feben, por ejemplo, 500 000 quilos, l'an de dispués calebe sacane més, u por lo menos no baixá d'ixa cantidá; si uno sustituibe a algún encargau, ebe d'arribá a lo que ell ebe produsiu, u més. ¡Y si produsibes més, t'hu pagaben!

Als encargats, cuan ya llebaben mols ans de serbisio, les regalaben terrenos de cultibo, y la misma empresa els i desboscabe y els i pllantabe.

Les malauties

Al arribá a la isla, al primer puesto que anabes yere a l'espital, a bacunate. ¡Aixó lo primero de tot!

Els mals que més acusaben els indígenes yeren la tuberculosis y les dolensies respiratories, coma la bronquitis y la pulmonía; els europeus, la malautía del sueño y el paludismo u malaria, ya que, al está tropicals, no teniben defenses contra elles y yeren les que més els feben patí.

Aprens a combiure dan els mosquins; a lo primero sientes que te piquen y se te pose el braso negro, pero al cabo d'un tems, coma ya estás tan bacunau, ya no sientes res. ¡Se mueren ells!

***

Cada tres mesos mos feben rebisión de paludismo: pasaben tres persones y mos pillaben muestres de sanc.

allí gastabas lo que te costaba el cine y pagar alguna ronda de bebida entre los amigos. Y en lo que ahorrabas era en las vacaciones, que te las pagaban.

Para gastar el dinero había un sistema de vales: "Vale por un pantalón" o "Vale por una camisa". Y lo que habías gastado en vales te lo descontaban del jornal. Por otro lado, la comida iba a cargo de la empresa.

El sistema de trabajo era capitalista en toda regla: si en una finca se hacían, por ejemplo, 500 000 kilos, al año siguiente había que sacar más, o por lo menos no bajar esa cantidad; si uno sustituía a un encargado, tenía que llegar a lo que él había producido, o a más. ¡Y si producías más, te lo pagaban!

A los encargados, cuando llevaban muchos años de servicio, les regalaban tierras de cultivo, y la misma empresa las deforestaba y las plantaba.

Las enfermedades

Al llegar a la isla, el primer sitio al que ibas era el hospital, para vacunarte. ¡Eso lo primero de todo!

Las enfermedades que más sufrían los indígenas eran la tuberculosis y las afecciones respiratorias, como la bronquitis y la pulmonía; los europeos, la enfermedad del sueño y el paludismo o la malaria, ya que, al ser tropicales, no tenían defensas contra ellas y eran las que más padecían.

Aprendes a convivir con los mosquitos; al principio notas que te pican y se te pone el brazo negro, pero al cabo de

La mosca tsetsé ye un mosquín pareseu al tabano, allargau y gran, dan un punto royo al llom; produse la malautía del sueño, que se diu tripanosomiasis. Agón milló biu ye als puestos mol ubagos, en molta umedá, per aixó ye mol presisa la llimpiesa dels puestos agón se biu u se treballe.

Yere bueno que la chen llebase pantalons llargos y no aná masa despullats en ta guardásene dels picotasos. La malautía del sueño no s'acomane ni tampoc s'erede. Els animals furros no la pillen, pero el bestiá de casa (bacume, caballs, güelles) sí, y a la isla teniben que biure a una alsada serca dels 1000 metros, agón la mosca no resiste el fret de la nit. Pero no totes les mosques t'infecten cuan piquen: disen que solo, més u menos, un 4%.

Me ba picá la mosca tsetsé, que le disen la del sueño, pero no te done sueño. Bé aná a Santa Isabel a la casa sentral de Mallo-Mora; fiebre y fiebre, soniabes barbaridats, desbaríes, te fa mal la cabesa y no sabes agón. Me ban fé probes y ban di de llebame a Sanidá, a l'espital: "Positivo y tripanosomiasis". Güeit díes seguits una endisión; a la segunda u la tersera ya me ban desaparesé totes les molesties, y cada semana beniba un día a punchame. Me ban posá dos

clases d'endisions: Tripanosomian-Bayer y de l'altra no me n'acordo. Yei puestos que están pllagats de mosques d'ixes, y alomilló entre mil en yei una que llebe el beneno: si te pique ixa…

El paludismo biene pels mosquins y la suya picadura, y te done una fiebre que puede arribá a fete esbomegá. La pió mosca tal paludismo se diu *anófeles*; pique casi siempre

un tiempo, como ya estás tan "vacunado", ya no sientes nada. ¡Se mueren ellos!

***

Cada tres meses nos hacían revisión de paludismo: pasaban tres personas y nos tomaban muestras de sangre.

La mosca tsetsé es un mosquito parecido al tábano, alargado y grande, con un punto rojo en la parte superior; produce la enfermedad del sueño, que se llama *tripanosomiasis*. Donde mejor vive es en los lugares umbríos, con mucha humedad; por eso es muy precisa la limpieza de los lugares donde se vive o trabaja.

Era preferible que la gente llevara pantalones largos y no fuera con poca ropa para protegerse de las picaduras de los mosquitos. La enfermedad del sueño no se contagia ni se hereda. Los animales salvajes no la cogen, pero los domésticos (vacas, caballos, ovejas) sí, y en la isla tenían que vivir a una altura de cerca de 1000 metros, donde el mosquito no resiste el frío de la noche. Pero no todas las moscas infectan cuando pican: dicen que aproximadamente un 4%.

Me picó la mosca tsetsé, a la que llaman del sueño, pero no te da sueño. Fui a Santa Isabel, a la casa central de Mallo-Mora; fiebre y fiebre, soñabas barbaridades, desvariabas, te duele la cabeza y no sabes dónde. Me hicieron pruebas y me llevaron a Sanidad, al hospital: "Positivo y tripanosomiasis". Una inyección cada día durante ocho días; a la segunda o tercera ya me desaparecieron todas las molestias, y cada semana iba un día a pincharme. Me pusieron dos clases de inyecciones: Tripanosomian-Bayer y

cuan yey poca llum, o sigue, cuan se fa de nit u cuan quere fese de día. Se distingue per la trompa que tiene, que fa una línia dreta dan el cuerpo y cuan te pique te fote un beneno a la sanc.

El primer remei contra el paludismo ye la quinina, que se saque de la crosta d'un abre que se diu *quino*. La quinina yere la medesina més coneixeda y familiar entre tots els que ban aná a Guinea: s'ebe de penre tots els díes y yere la manera de pará les consecuensies de la picadura. Altres medesines en tal paludismo yeren la Paludrina, el Resochín u el Daraprín. Y el remei més seguro yere llimpiá ben llimpies les llagunes agon se criaben els mosquins.

No bem tinre cap malautía ni Daniel ni yo: mos preneban una pastilla de quinina cada día contra el paludismo. Ara: yo bé llebá pantalón llargo tots els díes que bé está allí. Cuan bé tinre el zagal me bé posá mol mala, perque dan aquella caló se te dilaten les benes; me'n bé tinre que binre per aixó, per les emorragies, y en arribá dan el abión a Madrí ya estaba curada: yere coma si se m'asen apretau les carnes.

***

Que yo sepia, de la casa, la mosca tsetsé no le ba picá a digú més. Ara, el paludismo sí, la malaria, les fiebres. Iguere la quinina y el Resochín, que yere més fort. En yebe bell

d'aquells que se feben el balén y no se'n preneben cap y cuan les pillabe se teniben que foté totes les pastilles que no s'eben foteu en sies mesos.

El jején ye un mosquín mol chico que se te pose pels brasos y cames. Cuan pique, als que no son acostumbrats se

de la otra no me acuerdo. Hay lugares que están llenos de moscas de esas, y a lo mejor entre mil hay una que lleva el veneno: si te pica esa…

El paludismo se contagia a través de los mosquitos y su picadura, y te da una fiebre que puede llegar a hacerte desvariar. El mosquito del paludismo se llama *anófeles*; pica casi siempre cuando hay poca luz, o sea, cuando anochece o cuando quiere empezar a hacerse de día. Se distingue por su trompa, que hace una línea con el cuerpo y cuando te pica te inyecta veneno en la sangre.

El primer remedio contra el paludismo es la quinina, que se obtiene de la corteza de un árbol llamado *quino*. Era el medicamento más conocido y familiar para todos los que fueron a Guinea; se había de tomar todos los días y era la forma de frenar las consecuencias de la picadura. Otras medicinas para combatir el paludismo eran la Paludrina, el Resochín o el Daraprín. Y el remedio más seguro era mantener bien limpias las lagunas donde se criaban los mosquitos.

les llebanten bambolles mientras que als beterans solo les fan unes manchetes royes. Se bei que el gusto a quinina no le sabe bueno.

El jején te pllenabe els brasos, sobre tot cuan febe aquella caló tan pesada y cuan te'ls sacabes del braso te quedabe royo, ¡pero royo!

Ara be, la confiansa ye la perdisión:

Allí no me febe mal res; la primera begada que i bé aná me preneba tot lo que me teniba que penre, pero la segunda, cuan bé está a Bata, no preneba res:

No tuvimos ninguna enfermedad ni Daniel ni yo: nos tomábamos una pastilla de quinina cada día contra el paludismo. Eso sí: yo llevé pantalón largo todos los días que estuve allí. Cuando tuve a mi hijo me puse muy mala, porque con aquel calor se te dilatan las venas; me tuve que venir por eso, por las hemorragias, y al llegar con el avión a Madrid ya estaba curada: era como si se me hubieran apretado las carnes.

***

Que yo sepa, de la casa, la mosca tsetsé no le picó a nadie más. Ahora bien, el paludismo, la malaria y las fiebres sí afectaron a algunos. Había que prevenir con productos como la quinina y el Resochín, que era más fuerte. Había algunos que se hacían el valiente y no se tomaban nada, y cuando la cogían se tenían que tomar todas las pastillas que no se habían tomado en seis meses.

El jején es un mosquito muy pequeño que pica por brazos y piernas. Cuando pica, a los no habituados se les levantan ampollas mientras que a los veteranos solo les salen unas manchitas rojas. Por lo visto no le gusta el sabor a quinina.

El jején te llenaba los brazos, sobre todo cuando hacía aquel calor tan pesado, y cuando te los sacabas del brazo se te quedaba rojo, ¡pero rojo!

Ahora bien, la confianza es la perdición:

Allí no me dolía nada; la primera vez que estuve me tomé todo lo que tenía que tomar, pero la segunda, cuando estuve en Bata, no tomé nada.

—Yo no tiengo que penre pastilles coma busaltros —les diba—, que podets fé una tortilla de pastilles dan lo que prenets.

Teniban un médico chino que ya me ba abisá:

—¡Aquí no pegar y allí pegarte muy fuerte!

—¡Qué cojones me va a pegar! —le diba yo.

El día de Santiago, cuan ya eba tornau t'así, me bé foté una buena paella, me bé chetá, me be despertá y no sabeba agón estaba ¡y un fret…! Me'n boy a la cama y a cuaranta y pico de fiebre; menos mal que teniba Resochín, dos mantes y una bolsa d'aigua y encara tremolaba. ¡A la begada me n'acordaba del chinito!: "Llébate Falsidán, te prens tres pastilles y als tres díes ya estás be". Se me ba pasá y encara me ba torná a pegá dos begades més. Tiengo una chermana que treballe a un laboratorio de Burdeos y me ba nimbiá un paquet de Falsidán.

Y els yei que tienen suerte:

De malautíes no en bé pillá cap… ¡res!

Y que no en tienen tanta:

Al prinsipe yere mol duro. Yo e bisto a un negro, dels més forts que teniba, dime que no podebe treballá perque le febe mal un peu. "Pues bes al dotó". Ba marchá que no podebe ni caminá desde Bahó a Sakato (unes tres ores), y cuan ba arribá allí, el dotó el ba mirá y se ba posá les mans a la cabesa. Als pocs díes, el peu le penchabe de la pierna per un tros de pell: la lepra. La lepra comense per unes manches royes per la esquena.

—Yo no tengo que tomar pastillas como vosotros —les decía—, que podéis hacer una tortilla de pastillas con lo que tomáis.

Teníamos un médico chino que ya me avisó:

—¡Aquí no pegar y allí pegarte muy fuerte!

—¡Qué cojones me va a pegar! —le decía yo.

El día de Santiago, cuando ya había vuelto a casa, me comí una buena paella, me acosté y cuando me desperté no sabía dónde estaba, ¡y un frío…! Me fui a la cama y estaba a cuarenta y pico de fiebre; menos mal que tenía Resochín, dos mantas y una bolsa de agua, y aún temblaba. ¡Entonces me acordaba del chinito!: "Llévate Falsidán, te tomas tres pastillas y a los tres días ya estarás bien". Se me pasó y aún me repitió dos veces más. Tengo una hermana que trabaja en un laboratorio de Burdeos y me envió un paquete de Falsidán.

Y los hay que tienen suerte:

Enfermedades, no cogí ninguna… ¡nada!

Y que no tienen tanta:

Al principio era muy duro. Yo había visto a un negro, de los más fuertes que tenía, decirme que no podía trabajar porque le dolía un pie. "¡Pues ve al médico!". Marchó y sin poder caminar fue desde Bahó hasta Sakato (unas tres horas), y cuando llegó, el doctor lo miró y se llevó las manos a la cabeza. A los pocos días, el pie le colgaba de la pierna por un trozo de piel: la lepra. La lepra comienza con unas manchas rojas en la espalda.

Maná y creure

Pero la suya fayena ¿en qué consistibe? Pus maná, fé d'encargats, fé que treballasen entrasa els braceros y que sallise ta debán la cosecha. Pero maná y apenre. Al mismo tems. Que no ye fásil.

La siensia ta yo ye sabre maná y sabre treballá; els braceros han de bere que sabes treballá ta que te respeten.

A la ball de Benás tamé pllantaben, sembraben y repllegaben, pero poques coses y distintes de les d'allí. Y al arribá ban tinre que apenre tota la fayena que llebabe la producsión del cacau, café, banana… Per un altra man, a la ball no yebe empreses grans: el treball d'así alto yere en ta uno solo y coma molto ta la familia. Cada uno el suyo campo, el güertet, el suyo bestiá, la suya casa. Y de golpe…

El día 30 de setiembre ya estaba allí y el día 1 de octubre me ban posá a una pllantasión en 250 negros y ¡apáñate! ¡Sobre tot que no te'n falte cap! ¡Qué día més malo bé pasá!

***

A les finques yebe un encargau general que le diben el big masa. *Nusaltros comensaban coma ausiliars y en el tems mos feben encargats.*

Allí cada uno tenibe la suya manera de maná: yebe encargats que yeren de mol buenes maneres y en yebe que teniben més mal genio. Els encargats teniben cllaro que si se ganaben als treballadós de buenes a buenes, treballaben més y més agusto y sacaben la fayena ta debán, que en el fondo yere lo que les interesabe.

Mandar y obedecer

Pero su trabajo ¿en qué consistía? Pues en mandar, hacer de encargados, hacer que trabajaran bien los braceros y que saliera adelante la cosecha. Mandar y aprender. Al mismo tiempo. Que no es fácil.

La ciencia para mí es saber mandar y saber trabajar; los braceros han de ver que sabes trabajar para respetarte.

En el valle de Benasque también plantaban, sembraban y recogían, pero pocas cosas y distintas de las de allí. Al llegar tuvieron que aprender todo el trabajo que suponía la producción de cacao, café, banana… Por otro lado, en el valle no había empresas grandes: el trabajo era para uno solo y como mucho para una familia. Cada uno trabajaba los campos, el huerto, su ganado, su casa. Y de golpe…

El día 30 de septiembre ya estaba allí y el día 1 de octubre me pusieron en una plantación con 250 negros y ¡apáñate! ¡Sobre todo que no te falte ninguno! ¡Qué día más malo pasé!

***

En las fincas había un encargado general al que llamaban el big masa. *Nosotros comenzábamos como auxiliares y con el tiempo nos hacían encargados.*

Allí cada uno tenía su forma de mandar: había encargados con muy buenas maneras y otros con muy mal genio. Tenían claro que si se ganaban a los trabajadores por las buenas trabajaban más y más a gusto y sacaban el trabajo adelante, que en el fondo era lo que les interesaba.

José Martín, de Casa Matías de Chía, encargau de uns braceros preparats ta sulfatá.

José Martín, de Casa Matías de Chía, encargado de unos braceros preparados para sulfatar.

José Martín, de Casa Matías de Chía, encargau de uns braceros que sulfaten el cacau.

José Martín, de Casa Matías de Chía, encargado de unos braceros que sulfatan el cacao.

Cuan yes encargau yes el responsable; no yere cap ganga está encargau, la única cosa que cobrabes un poco més. L'altro pllegabe a les dos, se duchabe y ¡biba la Birgen! Si tu yes un chulo, el equipo no t'achude. Yo, cuan bé pasá d'encargau, algunes coses no sabeba ni com se feben y algunes me les ban amostrá els mismos capatasos negros. Anabes a un puesto y dibes:

—*Busaltros ¿per agón encomensabets els ans pasats?*
—*Pues per así, u per allá.*
—*Pues ¡au!, ¡comensem per así!*
Si yeres chulo y no les febes caso, ¡tot anabe mal!

Tamé em de contá que els braceros no yeren tots iguals: en yebe de mol treballadós y en yebe de més ganduls, que les diban *trongets*, y cada encargau s'apañabe coma podebe.

¡Son persones! En yei de buens y de bagos, coma así, que tamé yei *hippies que no queren treballá*. Els podebes fé treballá tres ores fort, pero dispués tenibes que está una estona… pues fen la bista gorda, y dixalos, perque son persones.

Tals morenos, nusaltros yeran els jefes, els *masa*, y aixó tenibe importansia perque marcabe. Y al está tot el día chuntos teniban que buscá un punto micho que mos permitise guardá una distansia y un respeto per una man y tinre una confiansa y femos querí per un altra man.

Fuese coma fuese, el bllanco yere el *masa* y en aquelles terres tenibe poder, ta lo bueno y ta lo malo, ta tot. Ademés de maná, le tocabe fé el papé de jues entre les riñes dels mismos negros, les dones y les families. Estabe espuesto a

Cuando eres encargado eres el responsable; no era ninguna ganga ser encargado, solo que cobrabas un poco más. El otro terminaba a las dos, se duchaba y ¡viva la Virgen! Si eres prepotente, el equipo no te ayuda. Yo, cuando pasé a ser encargado, algunas cosas no sabía ni cómo se hacían, y algunas me las enseñaron los propios capataces negros. Ibas a un sitio y decías:

—*Vosotros ¿por dónde empezasteis el año pasado?*
—*Pues por aquí, o por allá.*
—*Pues ¡hala!, ¡empezamos por aquí!*
Si eras prepotente y no les hacías caso, ¡todo iba mal!

También hemos de contar que los braceros no eran todos iguales: los había muy trabajadores y los había gandules, a los que les decían *trongets*, y cada encargado se apañaba como podía.

¡Son personas! Los hay buenos y los hay vagos, como aquí, que también hay *hippies que no quieren trabajar*. Los podías poner a trabajar fuerte durante tres horas, pero después tenías que estar un rato… haciendo la vista gorda, y dejarlos, porque son personas.

Para los morenos, nosotros éramos los jefes, los *masa*, y eso tenía importancia porque marcaba. Y al estar todo el día juntos teníamos que buscar un punto medio que nos permitiera guardar cierta distancia y cierto respeto por una parte y tener una confianza y hacernos querer por otra.

Fuese como fuese, el blanco era el *masa* y en aquellas tierras tenía poder para lo bueno y para lo malo, para todo. Además de mandar, le tocaba hacer el papel de juez en las discordias entre los mismos negros, sus mujeres y sus hijos. Estaba

lo que d'ell charraben tots els treballadós: cada begada que tenibe que desidí com s'ebe de fé una cosa se chugabe la fama que tenibe. De desidí asertadamén a no fe-hue depenebe l'admirasión o les crítiques més forts.

Eben de tinre molta trasa ta improbisá en la fayena y sabre fé de tot, perque a aquell país ni yebe espesialistes ni yebe recursos. Un altro papé que ebe de fé yere el de dotó: coneixé les malautíes, resetales medesines u feles les cures, y tamé, a begades, salbá bides cuan se feben mal a la finca del cacau, tanto als braceros coma a les suyes dones y als fillos, que, a falta de dotós, posaben tota la confiansa en el *masa*. Y el bllanco tamé tenibe que premiá... y castigá.

El bllanco tal negro a begades yere un dios y a begades un demonio. Yere un ser a begades admirau y alabau, y a begades criticau y maldesiu; a begades achudau y a begades despresiau. Siempre al punto de mira.

El choque de cultures ba tinre que está mol fort. El intento bllanco de incorporá al negro a la suya cultura de treball no cuallabe. Y als de ista ball les ba tocá está al bell mich, al mismo güello del torbellino.

Si llebabes unes normes normals de respeto que tenibe que yabre, tot anabe be. Ara, a begades tamé pasaben coses fegues, be perque se desmadraben ells o perque se pasabe el bllanco. Disen que son bagos els negros, y ye berdá que son bagos. Pero, ¡coño!, si tienen en ta minchá..., si pllanten ista era de malanga y no se l'acaben en la bida. No les fa falta treballá. Yo bé pensá moltes begades que allí els que sobraban yeran nusaltros.

expuesto a lo que de él hablaban todos los trabajadores: cada vez que tenía que decidir cómo se hacía una cosa se jugaba el prestigio y la fama. De decidir acertadamente o no dependía tener la admiración o las críticas más fuertes.

Había que tener mucha facilidad para improvisar en el trabajo y saber hacer de todo, porque en aquel país no había especialistas ni recursos. Otro papel que le correspondía era el de doctor: conocer las enfermedades, recetar medicamentos o hacer curas, y también, a veces, salvar vidas cuando se lastimaban en la finca de cacao tanto los braceros como sus mujeres e hijos, quienes, a falta de médicos, ponían toda su confianza en el *masa*. Y el blanco también tenía que premiar... y castigar.

El blanco, para el negro, a veces era un dios y a veces un demonio. Era un ser en ocasiones admirado y alabado, y en otras criticado y maldecido; unas veces ayudado y otras despreciado. Siempre en el punto de mira.

El choque de culturas tuvo que ser muy fuerte. El intento blanco de incorporar al negro a su cultura de trabajo no cuajaba. Y a los de este valle les tocó estar en medio, en el mismo ojo del huracán.

Si tenías ciertas normas de respeto, que había que tenerlas, todo iba bien. Ahora bien, a veces también sucedían enfrentamientos, bien porque se desmadraban ellos, bien porque se pasaba el blanco. Dicen que son vagos los negros, y es verdad que lo son. Pero, ¡coño!, si tienen para comer..., si plantan esta era de malanga y no se la acaban en la vida. No les hace falta trabajar. Yo pensé muchas veces que allí los que sobrábamos éramos nosotros.

Mucha coña, poco coño y un poquito de coñac

Tots els llugás han teniu u tienen el suyo santo u santa als que resá y demanale coses de manera debota. Per istes balls pirenaiques se le dedicabe una fiesta, un ball, la coca u el cordero que se matabe ta "matá" la fame guardada. La fiesta balebe ta moltes coses y, entre elles, ta que la chen se coneixese, sobre tot els més chobes. D'allí salliben les parelles de nobios que seríen dispués els pays y les mays de tots nusaltros.

Alguns dels que ban marchá de la ball ya yeren casats y ban baixá ell y ella y hasta ban tinre fillos que ban naixé allí. Alguna parella yeren nobios y i ba aná ell, se ban casá per podés y dispués ba jopá ella. Ara, els que més, arribaben a Guinea soltés y sin compromiso, y una de les suyes ilusions yere está unes campañes ta fé dinés y torná ta casa, buscase una nobia a la montaña y llebá una bida cómoda y sin apuros. Mols d'ells aprobechaben cuan puyaben, entre campaña y campaña, ta cortejá a bella moseta que més tardi seríe la suya dona y la may dels suyos fillos. A Guinea s'eben tornau presumits. Cuan anaben a les fiestes de per así se posaben aquells trajes tan pinchos y se tornaben els omes més buscats per les dones del ball.

Lo que se bey que yere difísil, y no en tenim cap de costansia, yere que alguno se casase dan alguna moseta africana. ¿Estabe mol mal bisto? ¿Estabe proibiu? La cosa ye que si la nuestra ball y Guinea yeren coma la nit y el día en moltes coses, en asuntos de moral tamé. Pero més. A España se bibibe en una moral mol bigilada per la Illesia, dan normes cllares sobre lo que se podebe y no se podebe fé, y sobre

Mucha coña, poco coño y un poquito de coñac

Todos los pueblos han tenido o tienen un santo o santa al que rezar y pedirle cosas con devoción. En estos valles pirenaicos se les dedicaba una fiesta, un baile, la torta o el cordero que se mataba para "matar" el hambre atrasada. La fiesta valía para muchas cosas; entre ellas, para que la gente se conociera, sobre todo los jóvenes. De allí salían las parejas de novios que serían después los padres de todos nosotros.

Algunos de los que marchaban del valle ya estaban casados y bajaban los dos, y hasta tuvieron hijos que nacieron allí. Otras parejas eran novios; bajó él, se casaron por poderes y después llegó ella. Ahora bien, la mayoría de los que llegaban a Guinea eran solteros y sin compromiso, y una de sus ilusiones era estar unas campañas para ahorrar dinero y volver a casa, buscarse una novia en la montaña y tener una vida cómoda y sin apuros. Muchos de ellos aprovechaban cuando subían, entre campaña y campaña, para cortejar a alguna chica que más tarde sería su mujer y la madre de sus hijos. En Guinea se habían vuelto presumidos. Cuando iban a las fiestas de por aquí se ponían aquellos trajes tan elegantes y se convertían en los hombres más buscados por las mujeres del valle.

Lo difícil, al parecer, y no nos consta ningún caso, era que alguno se casara con una africana. ¿Estaba mal visto? ¿Estaba prohibido? Si nuestro valle y Guinea eran como la noche y el día en muchas cosas, en asuntos de moral también. Pero más. En España se vivía con una moral muy vigilada por la Iglesia, con normas claras sobre lo que se

Anita Mora, de Casa Catoy y Daniel Billegas, de Casa Casalero de Gabás, cuan ba naixé Danielito a Santa Isabel.

Anita Mora, de Casa Catoy y Daniel Villegas, de Casa Casalero de Gabás, cuando nació Danielito en Santa Isabel.

tot en el tema de la relasión carnal entre l'ome y la dona, mol amagada y reprimida.

5000 quilómetros més t'abaixo la cosa cambiabe. El cllima ecuatorial, dan aquella caló y sudó apegalosa de día y de nit, fa bullre la sanc. L'atracsión entre la pell bllanca y la negra pell ye mol gran. El poder, la riquesa y el estatus que representabe ta la dona negra l'ome bllanco tiraben molto. Lo fásil que hu trobaben els omes ta aparellase dan les dones. Tot asó, dintro del marco de una cultura mol permisiba y ademés poligámica, febe que buquí fuese una cosa natural, sin "peros".

Y ¡cllaro! Els nuestros allí al mich, nabegán entre dos aigües. Per una man eben de fé caso al dito guineano "Mucha coña, poco coño y un poquito de coñac", frase que resume mol be una manera de comportase de control de uno mismo debán del abandono que podebe suponre la tentasión de tres coses: el chuego, l'alcol y el secso.

El que s'abandonabe acababe mol malamén, coma ba acabá alguno, per sierto, que hasta le bem tinre que dixá dinés en ta torná.
A yo a Madrí me ba di don José:
—Mire usted, ya sabemos que todos necesitamos una mujer de vez en cuando, pero le diré una cosa: cuanto más pueda aguantar, más se lo agradecerá el cuerpo y el bolsillo.
Y hu bé considerá un consejo correcto.

Per un altra man, se podebe penre l'altra postura, que yere adaptase a les costumbres d'allí y combiure de manera

podía hacer y lo que no, sobre todo en el tema de la relación carnal entre el hombre y la mujer, muy escondida y reprimida.

5000 kilómetros más abajo la cosa cambiaba. El clima ecuatorial, con aquel calor y sudor pegajosos de día y de noche, hace hervir la sangre. La atracción entre la piel blanca y la negra piel es muy grande. El poder, la riqueza y el estatus que representaba el hombre blanco para la mujer negra influían mucho. A los hombres blancos les resultaba muy fácil emparejarse con las mujeres negras. Todo ello, dentro del marco de una cultura muy permisiva y polígama, hacía que el contacto carnal fuera una cosa natural, sin "peros".

Y ¡claro! Los nuestros allí en medio, navegando entre dos aguas. Por una parte tenían que hacer caso al dicho guineano "Mucha coña, poco coño y un poquito de coñac", frase que resume muy bien una manera de comportarse con autocontrol ante el abandono que podía suponer la tentación de tres cosas: el juego, el alcohol y el sexo.

El que se abandonaba acababa muy mal, como acabó alguno, por cierto, que hasta le tuvieron que dejar dinero para volver.

A mí en Madrid me dijo don José:

—Mire usted, ya sabemos que todos necesitamos una mujer de vez en cuando, pero le diré una cosa: cuanto más pueda aguantar, más se lo agradecerá el cuerpo y el bolsillo. Y lo consideré un consejo correcto.

Por otra parte, se podía tomar otra postura, que era adaptarse a las costumbres de allí y convivir de manera pacífica

Maripé Solana y José María Rami cuan ban tinre a Fernando a Santa Isabel.

Maripé Solana y José María Rami cuando tuvieron a Fernando en Santa Isabel.

Julia Mur, de Casa Garsía, y Damaso Abentín, de Casa Taberna de Chía, dan els suyos fills y el *boy*.

Julia Mur, de Casa García, y Dámaso Aventín, de Casa Taberna de Chía, con sus hijos y el *boy*.

pasífica en aquella chen, apllicán alló de "Allá donde fueres, haz lo que vieres".

Podebes tinre dos u tres dones, totes amigues y de confiansa.

Y més de uno ba seguí isto camino. Perque, cllaro, tamé s'ha de compenre que tenisen que buscá remei a la tristesa d'está tan lluen de casa.

Els cultibos

El cacau

El semillero del cacau se fa del mismo fruto del cacotero: se sembren dos granos chuntos y sallen dos pllantes; se saquen en el machete, s'emboliquen en una fuella de platanero y se pllanten les dos chuntes, y la que menos creixe se talle y se'n dixe una sola. Puede está pllantasión nueba u repllantasión de abre caduco. La pllanta se fa de altera coma un naranjo o un poco més.
Antes de pllantá cal prepará el terreno: se desbosque y se dixen cada 30 u 40 metros uns abres mol altés en ta doná sombra, pues el cacotero no quere tinre el sol ensima. La separasión entre abre y abre ye d'uns 4 u 5 metros.
Als tres ans ya encomense a doná el fruto. Yei que educalo en poda, de manera que se mire de que el sol no le dongue al solero (tipo paraigües). La poda se fa en febrero-marso, t'abril arribe la primera fllorasión y el fruto d'ista se repllegará en tal mes d'agosto. Pero, de manera curiosa, el mismo abre done més fllorasions cada siclo de la lluna (cada mes) y se repllguen en agosto, setiembre, octubre,

con aquella gente, aplicando el refrán "Allá donde fueres, haz lo que vieres".

Podías tener dos o tres mujeres, todas amigas y de confianza.

Y más de uno siguió este camino. Porque, claro, también hay que comprender que tuviesen que buscar remedio a la tristeza de estar tan lejos de casa.

Los cultivos

El cacao

El semillero del cacao se hace a partir del propio fruto: se siembran dos granos juntos y salen dos plantas; se sacan con el machete, se envuelven con una hoja de platanero y se plantan las dos juntas, y la que menos crece se corta y se deja una sola. Puede ser plantación nueva o replantación. La planta se hace tan alta como un naranjo o un poco más. Antes de plantar hay que preparar el terreno: se deforesta y se dejan cada 30 ó 40 metros unos árboles muy altos para dar sombra, pues el cacao no quiere tener mucho sol. La separación entre árboles es de unos 4 ó 5 metros.
A los tres años ya empieza a dar fruto. Hay que educarlo podándolo, de manera que el sol no lo perjudique (tipo paraguas). La poda se hace en febrero-marzo, para abril llega la primera floración y el fruto se recogerá para el mes de agosto. Pero, curiosamente, el mismo árbol da más floraciones en cada ciclo lunar (cada mes) y se recogen en agosto, septiembre, octubre, noviembre y diciembre: son cinco o seis floraciones que se recogen en cinco o seis meses.

nobiembre y disiembre: son sinc u sies fllorasions que se repllegen en sinc u sies mesos.

Cuan s'encomense a repllegá, el aspecto de l'abre ye mol majo: piñes amarilles a punto de repllegase, piñes berts ya creixedes, piñes michanes, chiquetes y fllos. Tot coinside en un mismo abre. Un abre porá doná alomilló molto fruto al mes d'agosto y menos en els mesos de dispués, u al rebés; tot depenrá de la fecundasión a cada fllorasión.

En t'abril encomense el bedriolo: cal sulfatá cada mes hasta el mes d'octubre. El bedriolo se msclle en calsina (que l'achude a pegá) y bale ta que el cacau no se pose negro.

Tal mes d'agosto cal encomensá a repllegá, que ye arrincá de l'abre el fruto maduro dan la maña que s'empllegue ta no fé mal al fruto que quede bert a l'abre. En ta repllegá yei una brigada de chen tallán y fen caire al solero el cacau que ya ye maduro, y quede esteneu. Ista fayena se diu picá el cacau. Se dixen dos u tres díes ta que madure o "se sazone" y pase un altra brigada que trenque la piña y separe els granos que yei dintro tapats en una pegunta que se diu melaza. Pase dispués un altra brigada que el repllegue en sacos y fa uns fimeros allargats a un puesto agón puesquen arribá els camions. Y ya pase el camión, se'n llebe els sacs a unes caixes en ta fermentá que son al costau dels secadés y allí s'i están unes bint y cuatre ores; d'allí pasen a una segunda caixa y se remenen en unes pales de madera ta que la fermentasión sigue més igualada.

Ye a la fermentasión cuan s'encomense a bere lo bueno que será el cacau; bells chocolates prefieren més u menos tems de fermentasión, encara que lo normal serán cuarenta y

Cuando empieza la recolección, el árbol tiene un aspecto muy bonito: piñas amarillas a punto para ser recogidas, piñas verdes ya crecidas, piñas medianas, pequeñas y flores. Todo coincide en un mismo árbol. Un árbol podrá dar a lo mejor mucho fruto en el mes de agosto y menos en los siguientes, o al revés; todo dependerá de la fecundación en cada floración.

En abril se empieza con el sulfato de cobre: hay que sulfatar cada mes hasta octubre. El sulfato de cobre se mezcla con cal (que le ayuda a pegarse) y sirve para que el cacao no se ponga negro.

En el mes de agosto se ha de empezar la recolección, que consiste en arrancar del árbol el fruto maduro, con cuidado de no dañar el que queda verde en el árbol. Para la recogida hay una brigada de gente que corta y hace caer al suelo el cacao que ya está maduro y lo deja extendido. Este trabajo se llama picar el cacao. Se dejan pasar dos o tres días para que madure o se sazone y pasa otra brigada, que rompe la piña y separa los granos que hay dentro recubiertos por una sustancia que se llama melaza. Después, otra brigada lo recoge en sacos y hace unos montones alargados en un lugar donde puedan llegar los camiones. Y ya pasa el camión, se lleva los sacos y después los frutos se depositan en unas cajas para fermentar, que están al lado de los secaderos, y allí se dejan unas veinticuatro horas; de ahí pasan a una segunda caja y se remueven con unas palas de madera para que la fermentación sea más homogénea. Es en la fermentación cuando se detecta la calidad que tendrá el cacao; algunos chocolates necesitan más tiempo de

José Pallaruelo, de Casa Gregoria de Chía. Entre cacaus y braceros.

José Pallaruelo, de Casa Gregoria de Chía. Entre cacaos y barceros.

güeit ores. Una begada ha fermentau pase al secadero. Un secadero tiene dos muros laterals allargats y chuñits en unes bigues de ferri que atrabesen de muro a muro y ban tapades dan unes lloses de pisarra cuadrades de 50 sentímetros. Per dichós ba una chuminera d'aire calén de ladrillo refractario, que biene d'un cremadó de lleña.

Desde que entre el cacau al secadero cal bochalo tota la estona: se fa en una espesie de rascllo (que güe en día ya ye mecanisau). Aixó se fa ta que se solte la melaza que quede apegada a les lloses y ta que el grano se pula milló. La melaza s'empllegue en ta curá algunes dolensies.

El secau del cacau empllegue foc lento y ha de cremá hasta que la persona que n'entengue pense que está prou seco. Yei que pará cuenta de no secalo masa perque se cai la cascarilla, y de no dixalo crudo perque s'arrugue y quede "gomoso". El puntet de secau, dispués d'arribá así, ye lo que determine lo bueno que será. Endibiná el punto chusto de secau ye coma posá a probá el buquet del cosinero. Y no ye fásil amostrá aixó d'una persona a un altra en ragons, coma se fa en altres fayenes.

Una begada s'ha secau el cacau al secadero se dixe enfredí en unes bandejes y d'allí pase al almasén en ta fé la tría, posalo en sacs y nimbialo a embarcá.

La banana

Per mol bueno que sigue el terreno agón se pllante una mata de banano, si se l'abandone a la suya suerte se multipllique de tal manera el fruto que les bananes s'apreten y creixen esmirriades y dolentes, y al final la mata desaparese perque se la minche la malesa.

fermentación que otros, aunque lo normal son cuarenta y ocho horas. Una vez fermentado pasa al secadero. Un secadero tiene dos paredes laterales alargadas, unidas con unas vigas de hierro que van de pared a pared y están tapadas con unas losas de pizarra cuadradas de 50 centimetros de lado. Por debajo pasa un conducto de ladrillo refractario con aire caliente procedente de un horno de leña.

Desde que entra el cacao al secadero hay que removerlo todo el tiempo con una especie de rastrillo (que hoy en día está mecanizado). Eso se hace para que se desprenda la melaza que queda pegada en las losas y para que el grano se pula mejor. La melaza se emplea para curar algunas enfermedades.

El secado del cacao requiere fuego lento y tiene que quemarse hasta que el experto piense que está bastante seco. Hay que tener cuidado de no secarlo demasiado porque se cae la cascarilla, y de no dejarlo crudo porque se arruga y queda gomoso. El punto de secado es lo que determina la calidad que tendrá. Dar con el punto justo de secado es como para el cocinero probar el buqué. Y no es fácil enseñarlo de una persona a otra, como ocurre con otros trabajos.

Una vez secado el cacao, se deja enfriar en unas bandejas y de allí se pasa al almacén para hacer la selección, ponerlo en sacos y enviarlo a embarcar.

La banana

Por muy bueno que sea el terreno donde se planta una mata de banano, si se abandona a su suerte el fruto se multiplica de tal manera que las bananas se aprietan y crecen pequeñas y malas y al final la mata desaparece porque se la come la maleza.

Se puede di que el banano ye una pllanta que se regue a ella misma: empllegue molta umedá y aguante temporades llargues de sequera. El suyo secreto ye que prene l'aigua que yei a l'aire ademés de la de la terra; les suyes fuelles per la nit s'enfriden tres u cuatro grados y la babó de l'aire cuan les toque se fa aigua, y ista ba a pará a les fuelles tan grans que tiene, cai al solero y d'ista manera siempre ye bañau. L'abre tiene un 85% d'aigua y un 15% de lleña.

Ademés tamé bale ta donale sombra al café: puede sembrase als cafetals y, cuan el café flloreixe, al banano se le tallen totes les fuelles menos la saguera; així el café quede al sol y flloreixe mol bé. Pero un mes més tardi el cafetal está un altra begada a la sombra perque al bananero ya l'han tornau a creixé les fuelles.

El café

La llagó ta pllantá el café se tríe de les branques del mich dels millós cafetos; ta sembralo se ubren uns forats de poco més d'un palmo de fondo y d'ampllo. Se sembre ta la temporada de plloure y el milló fiemo y el més barato ye la misma pulpa del café mescllada en basueres, senra y güesos molets y enrunats alrededó de l'abre.

Ta defendelo de l'aire mol fort cal descopalo y podalo. En cuanto se repllequen les siseres madures s'han de despulpá ta que no fermente y prengue mal coló. Ta fermentá se pose a uns caixons entre dotse y bint ores, y antes de posalo cal llabá els caixons en una llechada de calsina. Dispués de fermentá ya biene el secau.

Se puede decir que el banano es una planta que se riega a sí misma: acumula mucha humedad y aguanta temporadas largas de sequía. El secreto es que absorbe el agua que hay en el aire además de la de la tierra; sus hojas por la noche se enfrían tres o cuatro grados más que la temperatura ambiente; el vapor del aire, cuando las toca, se convierte en agua, y esta va a parar a las hojas, que son muy grandes, cae al suelo y de esta manera siempre está húmedo. El árbol tiene un 85% de agua y un 15% de leña.

Además también sirve para dar sombra al cafeto: puede sembrarse en los cafetales y, cuando el cafeto florece, al banano se le cortan todas las hojas menos la última; así el cafeto queda expuesto al sol y florece muy bien. Pero un mes más tarde el cafeto está otra vez a la sombra porque al banano ya le han vuelto a crecer las hojas.

El café

La semilla para plantar el café se escoge de las ramas centrales de los mejores cafetos; para sembrarlo se abren unos agujeros de poco más de un palmo de hondo y de ancho. Se siembra en la temporada de lluvias y el mejor abono, y el más barato, es la propia pulpa del café mezclada con restos orgánicos, ceniza, huesos molidos, todo enterrado alrededor del árbol.

Para defenderlo del viento muy fuerte hay que quitarle la copa y podarlo. Cuando se recogen los frutos maduros hay que despulparlos para que no fermenten y cojan mal color. Para fermentar los granos se ponen en cajas entre doce y veinte horas, pero antes hay que lavar las cajas con una lechada de cal. Después de la fermentación viene el secado.

José María Rami, de Benás. Entre bananos.

José María Rami, de Benasque. Entre bananos.

José Gabás, de Casa Farrero Biejo de Bisaurri (a la dreta), cuan treballabe a Bata en el negosio de la madera dispués de la independensia.

José Gabás, de Casa Farrero Viejo de Bisaurri (a la derecha), cuando trabajaba en Bata en el negocio de la madera después de la independencia.

La madera

Cuan bem arribá al continén, t'allá tal 85, no yebe res, ¡pero res! Solo yebe un chiringuito a la playa, de una dona que tenibe unes gallines franseses. Minchaban pescau que te beneben per allí, fruta que pillaban pel bosque y els ous d'aquella dona, que més de la mitá salliben pollats. Al cabo d'un an ya ban arribá uns balensians y ban portá uns contenedós, y se ba apañá la cosa; pero antes… ¡fame pasaban! Cosa que no eben pasau a la isla trenta ans antes.

El negosio de la madera ba está a Bata: ta mitá de la década dels ochenta yere tot un bosque birgen y plleno d'animals per dintro. Yebe tanta madera que mos podeban permití el lujo de tallá solo els abres més grans; els altros els dixaban, y ans més tardi ya yebe moltes empreses y se tallaben tots.

Yebe lleña de moltes clases y mol buena: sapeli, talí, iroko y sobre tot la morera. Yebe abres que teniben entre 30 y 40 metros de altés y no teniben cap tano hasta el cabo. Ta tallalos feben falta dos tronsadós tan grans que no podebes ni aguantalos, y cuan cayeben teniban que escapamos y amagamos ben lluen, perque cayeben branques, estielles y de tot, y si te pillaben te mataben. Cuan yere l'abre tallau yo me posaba dreto al costau y no arribaba alto al tall.

Els abres els baixaban desde la montaña a la sarra y allí salliben uns taulons de 20 u 25 metros; beniben en barcos a cargá y els teniban que tallá a mida ta que entrasen a les bodegues.

La madera buena s'empllegabe ta fé parquets, puertes u armaris. Ta Alemania y ta Italia se'n llebaben molta, y ta

La madera

Cuando llegamos al continente, allá por el 85, no había nada, ¡pero nada! Solo había un chiringuito en la playa, de una mujer que tenía gallinas francesas. Comíamos pescado que te vendían allí, fruta que cogíamos en el bosque y huevos de las gallinas de aquella mujer, que más de la mitad salían fecundados. Al cabo de un año ya llegaron unos valencianos y trajeron unos contenedores, y se arregló la cosa; pero hasta entonces… ¡qué hambre pasábamos! La que no habíamos pasado en la isla treinta años antes.

El negocio de la madera estaba en Bata: a mediados de la década de los ochenta había un bosque virgen y lleno de animales. Había tanta madera que nos podíamos permitir el lujo de cortar solo los árboles más grandes; los otros los dejábamos, y unos años más tarde ya había muchas empresas y los cortaron todos.

Había madera de muchas clases y muy buena: sapeli, talí, iroko y sobre todo morera. Había árboles que medían entre 30 y 40 metros de altura y no tenían nudos hasta la parte superior. Para cortarlos hacían falta dos tronzadores tan grandes que no podías ni aguantarlos, y cuando caían teníamos que apartarnos y escondernos bien lejos porque caían ramas, astillas y de todo, y si te pillaban te mataban. Cuando el árbol estaba cortado yo me ponía de pie al lado y el diámetro del tronco era más alto que yo.

Los árboles los bajábamos desde la montaña a la aserradora y allí cortábamos unas tablas de 20 ó 25 metros; venían los barcos a cargarlas y las teníamos que cortar a medida para que entrasen bien en las bodegas.

> El árbol puede alcanzar dimensiones gigantescas en la Isla, hasta 45 metros de altura y 2,25 metros de diámetro del tronco a la altura del hombre
>
> | Circumferencia en cms. a la altura de un hombre. | Edad en años. |
> |---|---|
> | 45 | 29 |
> | 75 | 83 |
> | 105 | 130 |
> | 150 | 186 |
> | 210 | 216 |
> | 270 | 231 |
> | 300 | 291 |

La Guinea Española, 10 d'octubre de 1945.

La Guinea Española, 10 de octubre de 1945.

Balensia se llebabe ta distribuila per España. La mía empresa des d'allí la llebabe ta Saragosa.

Les finques

Cuan Mariano ba arribá a la isla ta finals del siglo XIX, isto país pasabe una época mol buena tal cacau: ba está en els ans de 1890 a 1900, que els terrenos dedicats a cultibá el cacau y lo que se repllegabe ban puyá coma la espuma; les condisions que yebe ta tinre les terres, tanto en els preus coma en altres coses, yeren de primera. Ademés, els claretians le ban achudá tot el tems que ba está a la isla, cosa que le ba balre molto.

Pronto se ba chuntá dan uns canarios y ban fundá una empresa que se dibe *Pérez y Mora*. Ells se diben Victoriano Pérez y Rafael Romero, y isto saguero ba dixá la empresa ta 1910. Ademés de cultibá el cacau tamé se dedicaben al comersio: teniben tres factoríes a Santa Isabel y una a Bata. Una *factoría* yere una tienda agón se podebe trobá de tot, desde el camión més gran hasta una agulla.

Ta l'an 1908 ba arribá a Guinea Joaquín, y ta 1911 Jesús, chermano de Joaquín, y sobrins de Mariano els dos; ta 1912, José Mora Güerri, primo de Mariano y que més tardi seríe cuñau d'istos. Tots se ban chuntá a la misma empresa.

Pocs ans més tardi, ta 1917, moribe Mariano, que a la begada ya yere l'amo de les finques Constancia (tamé le diben *Timbabé*) y Sampaka. La finca Sampaka ba quedá en usufruto en ta la suya dona, Antoñita Llorens, pero dan la condisión que cuan ella morise pasaríe a está de Magdalena

La madera buena se utilizaba para hacer parqués, puertas o armarios. Se enviaba mucha a Alemania e Italia, y a Valencia se llevaba la que se distribuía por España. Mi empresa la llevaba desde allí a Zaragoza.

Las fincas

Cuando Mariano llegó a la isla, a finales del siglo XIX, era una época muy buena para el cacao: fue en los años que van entre 1890 y 1900, cuando los terrenos dedicados al cultivo del cacao y lo que se recogía subieron como la espuma; las condiciones en que se conseguían las tierras, tanto en los precios como en otras cosas, eran muy buenas. Además los claretianos le ayudaron mucho mientras estuvo en la isla, lo que le facilitó mucho las cosas.

Pronto se juntó con unos canarios y con ellos fundó una empresa que se denominó *Pérez y Mora*. Los socios se llamaban Victoriano Pérez y Rafael Romero; este último dejó la empresa en 1910. Aparte de cultivar el cacao, también se dedicaban al comercio: tenían tres factorías en Santa Isabel y una en Bata. Una *factoría* era una tienda en la que se podía encontrar de todo, desde un camión hasta un alfiler.

En 1908 llegó a Guinea Joaquín y en 1911 Jesús, hermano de Joaquín, ambos sobrinos de Mariano; en 1912, José Mora Güerri, que era primo de Mariano y más tarde sería cuñado de estos. Todos se unieron en la misma empresa.

Pocos años más tarde, en 1917, moría Mariano, que ya era el propietario de las fincas Constancia (también la llamaban *Timbabé*) y Sampaka. Esta última quedó en usufructo

GUINEA ESPAÑOLA EN ESTADISTICAS

	Principales productos exportados (en toneladas)			Comparación de la producción de cacao con los países de:		
AÑOS	CACAO	CAFE	MADERA	GHANA	CAMERUN	NIGERIA
1.890	190	1'3	—	—	—	—
1.895	540	5'2	—	5	—	—
1.900	1.110	12'3	—	230	—	—
1.905	1.911	7	—	3.200	—	—
1.910	2.250	2'5	—	15.000	—	—
1.915	3.891	3'4	26	50.000	—	—
1.920	6.900	7'4	140	110.000	2.000	—
1.925	7.209	14	20.315	190.000	5.000	—
1.930	10.365	71	31.824	220.000	9.000	—
1.935	14.383	935	77.282	240.000	24.000	83.500
1.940	15.394	2.707	55.241	260.000	25.000	75.000
1.945	14.342	5.762	58.600	230.000	38.000	95.450
1.950	14.736	6.700	63.640	240.000	42.000	110.482
1.955	18.700	6.300	123.792	230.000	50.000	118.312

COMENTARIO: Esta estadística de los principales productos de nuestras provincias de la Región Ecuatorial nos muestra su avance siempre progresivo a través de 75 años. No obstante, en la producción de cacao —que corresponde principalmente a la isla de Fernando Poo— pueden notarse dos baches: el primero desde 1.900 a 1.910, debido al gran problema de la falta de braceros, hasta que pudo solucionarse contratando nuestros pamues y mediante tratados con las naciones vecinas y el segundo desde 1.935 a 1.950 como efecto, sin duda, tanto de nuestra guerra civil como de la última guerra mundial. A partir de 1.950 el progreso es tan notable que nos resarcimos con creces del anterior decaimiento.

La Guinea Española, 10 de mayo de 1960.

La Guinea Española, 10 de mayo de 1960.

Fernando Rami a Santa Isabel cuan yere un bordegás. Ba naixe allí.
Fernando Rami en Santa Isabel cuando era un crío. Nació allí.

José María y Santiago Rami en un coche de aquells tems.
José María y Santiago Rami en un coche de aquellos tiempos.

Mora Abad, chermana de Mariano. Tamé disen que Mariano ba pactá en els claretians que al paso de dos generasions les suyes finques tornaríen al patrimonio del clero. Disen.

Joaquín, Jesús y José ban formá la empresa Mallo-Mora y ban encomensá a comprá y arrendá terrenos que en els ans faríen unes finques que estaben entre les més grans y millós de la isla: Bombe, Bahó, Timbabé, Tuplapla y Sipopo, entre altres. Pero ademés de les finques tamé teniben cases, tanto a Santa Isabel coma a San Carlos. La milló de totes yere la que ba fé Joaquín Mallo tals ans bint, Casa Mallo, una casa gran, maja y colonial, en una galería que la rodeye tota. Dedicada a ofisines y factoría, se trobe a la carrera

para su mujer Antoñita Llorens, pero con la condición de que cuando ella muriera pasaría a ser de Magdalena Mora Abad, hermana de Mariano. También dicen que Mariano pactó con los claretianos que transcurridas dos generaciones sus fincas volverían al patrimonio del clero. Dicen.

Joaquín, Jesús y José formaron la empresa Mallo-Mora y empezaron a comprar y arrendar terrenos que con los años se convertirían en unas fincas que estarían entre las mayores y mejores de la isla: Bombe, Bahó, Timbabé, Tuplapla y Sipopo, entre otras. Pero además de las fincas también tenían casas, tanto en Santa Isabel como en San Carlos. La mejor de todas era la que construyó Joaquín Mallo en los

mayó de Santa Isabel, al costau del puerto, y serbibe de almasén agón llebaben els sacs de cacau de totes les finques ta cargalos als barcos y portalos a la Península y a altros puestos. Ha estau símbolo y emblema de la capital, Santa Isabel, y güe en día la trobarets tan be coma el día que la ban fé.

La finca Sampaka disen que siempre ha estau la joya de la corona, finca emblemática de la isla. Allí anaben a pará totes les bisites de jefes d'Estau y personalidats de postín que arribaben a la isla. En istos tems, que ya no quede brenca cultibo de cacau a la isla, la finca Sampaka ye la única que mantiene una producsión buena. Primero ba está de Mariano, dispués ba pasá per les mans de Antoñita Llorens y més tardi per les de Magdalena Mora Abad, de Casa Castán de Chía. Arribada la independensia de Guinea, Sampaka ba pertenesé al Gobierno guineano pero, al poco tems, Joaquín Mallo López, el fillo del diputau, la ba recuperá y hasta serca de l'an 2000 ha estau en mans dels de Chía. Güe en día la empresa propietaria sigue están Casa Mallo, y al cargo d'ella igué Luis Acebedo.

D'así de la ball de Benás i ban treballá algúns: entre altros, Antonio Azcón, de Chuansaún de Chía; José María Canales, de Campo; Fransisco Gabás, pay y fillo, de Casa Mata de Sarllé; Juan Nerín y su chermano José María, fillos de Magdalena Mora; Germán Saura, de Casa Lacasa de Arasán, y Ismael Lamora, de Casa Caseta de Ramastué.

La finca se trobabe a uns 8 u 10 quilómetros de Santa Isabel, a la carretera que anabe a San Carlos (güe Luba). Tenibe unes 1000 ectárees y 560 treballadós, y yere mol

años veinte, Casa Mallo, una casa grande, bonita, colonial, con una galería alrededor. Dedicada a oficinas y factoría, se encuentra en la calle mayor de Santa Isabel, al lado del puerto; también servía de almacén al que llevaban los sacos de cacao de todas las fincas para cargarlos en los barcos y transportarlos a la Península y a otros destinos. Ha sido símbolo y emblema de la capital, Santa Isabel, y hoy en día se encuentra en tan buen estado como cuando la hicieron.

Dicen que la finca Sampaka ha sido la joya de la corona, la finca emblemática de la isla. Allí iban a parar todas las visitas de jefes de Estado y personalidades de postín que llegaban a la isla. En nuestros días, que ya no quedan casi cultivos de cacao en la isla, la finca Sampaka es la única que mantiene una producción importante. Primero fue de Mariano, después de Antoñita Llorens y más tarde de Magdalena Mora Abad, de Casa Castán de Chía. Llegada la independencia de Guinea, Sampaka pasó a pertenecer al Gobierno guineano pero, al poco tiempo, Joaquín Mallo López, hijo del diputado, la recuperó y hasta cerca del año 2000 ha sido propiedad de los de Chía. Actualmente la empresa propietaria sigue siendo Casa Mallo, y a su cargo está Luis Acevedo.

En la finca trabajaron algunos del valle de Benasque: entre otros, Antonio Azcón, de Chuansaún de Chía; José María Canales, de Campo; Francisco Gabás, padre e hijo, de Casa Mata de Cerler; Juan Nerín y su hermano José María, hijos de Magdalena Mora; Germán Saura, de Casa Lacasa de Arasán, e Ismael Lamora, de Casa Caseta de Ramastué.

Sampaka se encuentra a unos 8 ó 10 kilómetros de Santa Isabel, en la carretera que va a San Carlos (hoy Luba). Tenía

Casa Mallo. La ba fé Joaquín Mallo en tals ans bint.

Casa Mallo. La hizo Joaquín Mallo en los años veinte.

La Guinea Española, 10 de marso de 1930.

La Guinea Española, 10 de marzo de 1930.

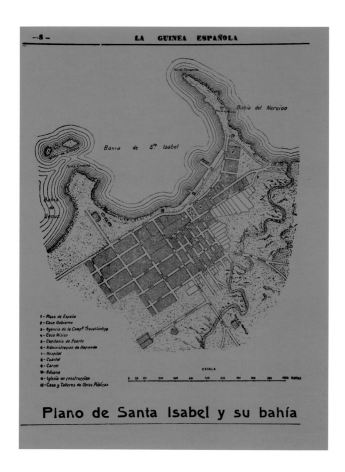

La Guinea Española, 10 d'agosto de 1923.
La Guinea Española, 10 de agosto de 1923.

ben preparada; el terreno, mol pllano, sacabe un cacau tan bueno que ba tinre fama per tot el mon. Ara yei una cadena de tiendes de chocolate *delicatessen* que llebe el nom de *Sampaka* y tiene franquisies a Barselona, Madrí, Balensia, Berlín, Lisboa y bell puesto més.

La finca de Bombe yere mol gran y pertenesebe a Mallo-Mora. Se trobabe a la man d'abaixo de la isla, serca de San Carlos, y tenibe tres patios que yeren coma tres llugás. Disen que tenibe més de 90 quilómetros de carreteres per dintro, tamé disen que ba arribá a tinre serca de 800 treballadós. Y si ya serié costoso contá el número de sacs de cacau que salríen al cabo de l'an d'aquella finca, pensa't si tenisan que contá el número de granos. ¡Coma contá les gotes de l'aigua del mar!

Mira, ta que te dongues cuenta de com yere la finca de Bombe, imagínate que Castilló fuese San Carlos; pues be, a Bisaurri serié el primer patio, agón yeren la sentral, els mandos y els secadés. A Renanué benríe a está el segundo patio, y fete a la idea que Coll de Fades fuese el tersero.

En tal final de la década dels ans sincuanta encara se ba fé un cuarto patio, que se conserbe en unes condisions mol buenes.

Timbabé tamé tenibe tres patios y uns 170 treballadós. Bahó yere una finca que, cuan se ba encomensá a treballá, solo s'i podebe arribá per mar u per aire, y els sacs de cacau els eben de sacá tots en barco. Més tardi la empresa constructora Maza, de Barbastro, se ba encargá de fé la carretera. Y Sipopo yere una finca que tenibe el patio tocán al mar y desde la galería de la casa yebe una bista presiosa.

unas 1000 hectáreas y 560 trabajadores, y estaba muy bien preparada; el terreno, muy llano, producía un cacao tan bueno que se hizo famoso por todo el mundo. Hoy en día hay una cadena de tiendas de chocolate *delicatessen* que lleva el nombre de *Sampaka* y tiene franquicias en Barcelona, Madrid, Valencia, Berlín, Lisboa y algún otro lugar.

La finca de Bombe era muy grande y pertenecía a Mallo-Mora. Se encontraba en la parte sur de la isla, cerca de San Carlos, y en ella había tres patios que eran como tres pueblos. Dicen que tenía más de 90 kilómetros de carreteras por dentro, y también que llegó a tener 800 trabajadores. Y si ya debía de ser costoso contar los sacos de cacao que saldrían al cabo del año de aquella finca, suponed que tuviéramos que contar el número de granos. ¡Como contar las gotas del agua del mar!

Mira, para que te des cuenta de cómo era la finca de Bombe, imagínate que Castejón de Sos fuese San Carlos; pues bien, en Bisaurri estaría el primer patio, donde estaban la central, los mandos y los secaderos. En Renanué estaría el segundo patio, y hazte a la idea de que el Coll de Fadas fuese el tercero.

Al final de la década de los años cincuenta aún se hizo un cuarto patio, que se conserva en muy buenas condiciones.

Timbabé también tenía tres patios y unos 170 trabajadores. Bahó era una finca en la que, cuando se empezó a trabajar, solo se podía entrar por mar o por aire, y los sacos de cacao se habían de sacar en barco. Más tarde la empresa constructora Maza, de Barbastro, se encargó de hacer la carretera.

La Guinea Española, 25 d'agosto de 1955.
La Guinea Española, 25 de agosto de 1955.

Pues a istes finques ban treballá la gran mayoría de la nuestra chen que ba aná a Fernando Poo.

Aparte de les empreses dedicades al cacau tamé en yebe d'altres de per así afincades a la isla y al continén y que se n'encargaben de la construcsión de carreteres, de puens y de poblats enteros en cases, illesia, casa de la bila… y que ban dixá una uebra que encara güe se puede trobá mol be. Estem charrán de firmes coma Pérez Andújar u Escuder y Galiana, a la que treballaben moltes persones naixedes a Graus y de les comarques besines. Aixines a Escuder i ban treballá un puyal de fobans. Tamé ba yabre empreses dedicades al negosio de la madera, pero ya ba está en ta dispués de la independensia y esteben instalades a la man del continén.

Santa Isabel

Fernando Poo yere una isla presiosa, mol maja, y Santa Isabel yere coma la suya corona. En els ans de la colonia el comersio de la isla dan el resto del mon yere mol ubierto y gran:

A diario arribaben barcos de tot el mon (belgas, olandesos, alemans, fransesos, españols, americans, mejicans, argentins…). Beniben cargats de productos que se beneben y se consumiben a la isla a preus més baixos de lo que baleben a altros países.

Biure a Santa Isabel permitibe tinre uns productos de primera, fetos a cualquier puesto del mon, molto més fásil y antes que a les capitals europees. La bida estabe mol abansada a la isla y Santa Isabel tenibe relasión dan tots els països del mon.

Sipopo era una finca que tenía el patio tocando al mar y desde la galería de la casa había una vista preciosa.

En estas fincas trabajaron la gran mayoría de las personas de nuestro valle que fueron a Fernando Poo.

Aparte de las empresas dedicadas al cacao, también había otras afincadas en la isla y en el continente que se encargaban de la construcción de carreteras, puentes, pueblos enteros con casas, iglesia y ayuntamiento…, y que dejaron una huella todavía visible hoy en día. Estamos hablando de compañías como Pérez Andújar o Escuder y Galiana, en la que trabajaron muchas personas nacidas en Graus y comarcas vecinas. En Escuder hubo muchas personas procedentes de La Fueva. También existieron otras dedicadas al negocio de la madera, pero fue después de la independencia y estaban instaladas en el continente.

Santa Isabel

Fernando Poo era una isla preciosa, muy bonita, y Santa Isabel era como su corona. En los años que fue colonia, la isla comerció con el resto del mundo:

A diario llegaban barcos de todo el mundo (belgas, holandeses, alemanes, franceses, españoles, americanos, mexicanos, argentinos, etcétera). Venían cargados de productos que se vendían y se consumían en la isla a precios más bajos que en otros países.

Vivir en Santa Isabel permitía tener unos productos de primera calidad, originarios de cualquier sitio del mundo y

Bista de la catedral, a la pllasa d'España.

Vista de la catedral, en la plaza de España.

La casa Nerín—Mora muestra su fidelidad al estilo de elegancia y coquetería que va definiendo a Santa Isabel.

La Guinea Española, 10 de nobiembre de 1957.

La Guinea Española, 10 de noviembre de 1957.

La maquinaria podebe binre de Inglaterra, dels Estados Unidos u d'Alemania, y de primeres marques coma Mercedes, Tramestrade u Barreiros. Les serbeses que nusaltros bebem ara así, y que mos pueden paresé marques de ara, coma la Coronita mejicana, la Calsberg de Dinamarca u la Krönenburg fransesa, allí tals ans sincuanta ya la bebeben, y a preus mol baixos.

A Santa Isabel yebe unes carreres pllenes de chardins, fuens, abres mol grans y cases mol ben cuidades. Ademés el cllima achudabe a manteni-hue perque dan aquella umedá les fllos y les pllantes dels paseos salliben y creixeben soles. Les carreres estaben pabimentades y yeren totes a escuadra. A diario, pronto de maitino, bedebes al personal encargau d'escampá les carreres, seguiu dels camions de la basuera y dels del riego ta refrescá el solero.

Santa Isabel tenibe una baía. Allí arribaben els barcos a cargá y descargá. La forma de la baía yere coma una ferradura; una de les puntes se dibe *Punta Fernanda* y l'altra *Punta Cristina*. Al costau de cada punta yebe una playa y al mich un espigón agón atracaben els barcos que arribaben. Antiguamén la capital se dibe *Clarence*, y se le ba posá *Santa Isabel* perque la reina d'España yere Isabel II. Y les dos puntes, que antes se diben *Adelaida* y *William*, se ban bautisá dan els noms de *Cristina* y *Fernanda* per la may y la chermana de la reina Isabel.

Tot aixó se complletabe en la pllasa més importante: la pllasa de España. Allí iguere la catedral y una illesia protestant en tals braceros. Tamé iguere el palasio del gobernadó, que tenibe dos pllantes, la una d'ofisines y l'altra de bibienda en

llegados antes y de forma más fácil que a las capitales europeas. La vida estaba muy avanzada en la isla y Santa Isabel tenía relación con todos los países del mundo.

La maquinaria podía venir de Inglaterra, Estados Unidos o Alemania, y de primeras marcas como Mercedes, Tramestrade o Barreiros. Las cervezas que bebemos aquí, y que nos pueden parecer marcas de ahora, como la Coronita mexicana, la Carlsberg danesa o la Krönenburg francesa, allí en los años cincuenta ya las bebíamos, y a precios muy bajos.

En Santa Isabel había unas calles llenas de jardines, fuentes, árboles muy grandes y casas muy bien cuidadas. Además el clima ayudaba a mantenerlas porque con aquella humedad las flores y las plantas de los paseos salían y crecían solas. Las calles estaban pavimentadas y formaban manzanas. A diario, a primera hora de la mañana, veías al personal encargado de limpiar las calles, seguido de los camiones de la basura y los del riego para refrescar el suelo.

En Santa Isabel había una bahía. Allí llegaban los barcos a cargar y descargar. La bahía tenía forma de herradura; una de las puntas se llamaba *Punta Fernanda* y la otra *Punta Cristina*. Al lado de cada una había una playa, y en medio un espigón donde atracaban los barcos que llegaban. Antiguamente la capital se llamaba *Clarence*, y se le puso *Santa Isabel* en honor a la reina de España, Isabel II. Y las dos puntas, que antes se conocían como *Adelaida* y *William*, se denominaron con los nombres de *Cristina* y *Fernanda* en honor a la madre y la hermana de la reina.

ta ell, y le donabe la buelta una galería cubierta que encara que pllobese podebes asomate y pasiate sin bañate. Ista casa yere bigilada per un escuadrón de la Guardia Colonial, tot un grupo de soldats bestius dan uniforme bllanco, sombrero, faixa roya y cordons dorats.

Tamé se trobabe a ista pllasa la misión, agón bibiben els pays claretians, que ademés de cuidá del culto religioso s'encargaben de la educación de la mainada de la colonia. Enfrente del Palasio yebe un bar mol concurriu que se dibe *El Chiringuito*, des d'agón se bedebe tota la baía en una bista mol maja. Y coma patrimonio dels nuestros, entre altres moltes cases y almasens iguere Casa Mallo y l'otel Punta Cristina.

Ta biure a Santa Isabel no i faltabe res: tenibe dos sales de sine agón cada día posaben películas que beniben dan els barcos de tots els países; yebe un casino, que yere el local agón se chuntaben els europeus, dan un salón dintro y un altro fora tal baile, restaurante y bar, una piscina y campo de tenis; els natibos teniben tamé un casino, que se dibe *Fernandino*; espital y farmasies, escueles, tiendes de tot, roba importada de tot el mon, chen de tots els ofises…

Y lo que més goy febe yere l'ambién: tot chen chobe y dan mainada. La chen, cuan se febe un poco gran ya marchabe ta España. Hasta el sine estabe preparau ta parelles dan críos resién naixets: anaben tal sine y yebe uns pasillos amplos en ta dixá els carricoches en la mainada dormín; si pllorabe, se llebantaben y els cunaben hasta que callaben.

La bida que llebaben allí yere entretenida: coma la chen treballabe hasta les tres, disnaben y se feben una cabesada o

Todo ello se completaba con la plaza más importante: la plaza de España. Allí se encontraban la catedral y una iglesia protestante para los braceros. También estaba el palacio del gobernador, que tenía dos plantas, una de oficinas y otra de vivienda para él, y lo rodeaba una galería cubierta por la que se podía pasear sin mojarse aunque lloviera. Esta casa era vigilada por un escuadrón de la Guardia Colonial, un grupo de soldados con uniforme blanco, sombrero, faja roja y cordones dorados.

También se encontraba en esta plaza la misión, donde vivían los padres claretianos, que además de cuidar del culto religioso se encargaban de la educación de los niños de la colonia. Enfrente del palacio había un bar muy concurrido que se llamaba *El Chiringuito*, que tenía unas vistas muy bonitas de toda la bahía. Y como patrimonio de los nuestros, entre otras muchas casas y almacenes estaban Casa Mallo y el hotel Punta Cristina.

En Santa Isabel no faltaba de nada para vivir: tenía dos salas de cine donde cada día pasaban películas que traían los barcos de todos los países; había un casino, que era el local donde se juntaban los europeos, con un salón interior y otro exterior para el baile, restaurante, bar, piscina y campo de tenis; los nativos disponían también de un casino, que se llamaba *Fernandino*; también había hospital, farmacias, escuelas y tiendas de todo, ropa importada de todo el mundo, gente de todos los oficios…

Y lo más agradable era el ambiente: gente joven y con niños que cuando se hacía un poco mayor volvía para España. Hasta el cine estaba preparado para parejas con

una mesdiada; dispués salliben y feben una serbeseta y la charrada, u al sine…

Al mich de la baía iguere el puerto de mar y el club naútico, agón anaben a penre llangostins, llangostes… a preus d'entre 10 y 20 pesetes el quilo. Els ous tel's portaben a la puerta de casa resién poneus y les llangostes resién pescades.

La chen que ba está allí dise, y ya podets está ben seguros, que mai més ha minchau tanto cangrejo y tanto cabiar ruso coma a la begada. Yere una capital agón els europeus y molta chen de coló que eben progresau bibiben mol bé, pero fora del casco urbano se trobabe pobresa. Yebe barrios agón molta chen de coló bibibe en casotes de madera mal fetes y en mal terreno, dan unes carreres pllenes de bardo agón se les foneben els peus: *malbiure* se diu encara. Santa Isabel tampoc se'n lliurabe de la miseria.

críos recién nacidos: había pasillos amplios donde dejar los cochecitos con los niños durmiendo; si lloraban, los padres se levantaban y los acunaban hasta que callaban.

La vida que hacían allí era entretenida. La gente trabajaba hasta las tres, comía y hacía la siesta; después salía a tomar unas cervezas, a charlar con los amigos, al cine…

En medio de la bahía se encontraban el puerto de mar y el club náutico, donde íbamos a tomar langostinos, langostas…, a precios entre 10 y 20 pesetas el kilo. Los huevos te los traían a la puerta de casa recién puestos y las langostas recién pescadas.

Los que estuvieron allí dicen, y ya podéis estar bien seguros, que nunca más han comido tanto cangrejo y tanto caviar ruso como entonces. Era una capital donde los europeos y muchas personas de color habían progresado y vivían muy bien, pero fuera del casco urbano se veía pobreza. Había barrios donde mucha gente de color vivía en cabañas de madera mal construidas, en unas calles llenas de barro donde se hundían los pies: lo que se dice *malvivir*. Santa Isabel tampoco se libraba de la miseria.

Encomensán per l'esquerra: Néstor Eri, de Casa Conte de Bisaurri; Carlos Campo, de Casa Carrera de Suils; Manuel Gabás, de Casa Calbera de Bisaurri; José Bispe, de Casa Llorens de Urmella; José Blanco, de Casa Blanco de Benás, y Antonio Lanau, de Casa Balera de Benás.

De izquierda a derecha: Néstor Eri, de Casa Conte de Bisaurri; Carlos Campo, de Casa Carrera de Suils; Manuel Gabás, de Casa Calvera de Bisaurri; José Vispe, de Casa Llorens de Urmella; José Blanco, de Casa Blanco de Benasque, y Antonio Lanau, de Casa Valera de Benasque.

Anita Brunet, de Casa Catoy de Gabás.

Santiago Mora, de Casa Siñoantonio de Benás.
Santiago Mora, de Casa Siñoantonio de Benasque.

Encomensán per l'esquerra: José María Castán, de Casa Guillem, y Daniel Billegas, de Casa Casalero de Gabás, al patio de Trocú, de la finca de Timbabé.

De izquierda a derecha: José María Castán, de Casa Guillem, y Daniel Villegas, de Casa Casalero de Gabás, en el patio de Trocú, de la finca de Timbabé.

El que ye puyau a l'andamio ye Fransisco Gabás Pallás, de Casa Mata de Sarllé.

El que está subido al andamio es Francisco Gabás Pallás, de Casa Mata de Cerler.

Foto de fa molto tems, dels ans bint; el del mich ye Fransisco Gabás Ferrer, de Casa Mata de Sarllé.
Foto muy antigua, de los años veinte; el de en medio es Francisco Gabás Ferrer, de Casa Mata de Cerler.

José Bispe, de Casa Llorens de Urmella; (?); Jorge Gonzalo Martín, de Casa Farrero de Saúnc, y José Arnest, de Casa Justo de Bisaurri.

Encomensán per l'esquerra, de peus: Dámaso Abentín, de Casa Taberna de Chía; Manuel Ralui, de Casa Solana de Barbaruens; Jesús Mur, de Casa Dorotea, y Jesús Barrau, de Casa Oros de Chía. Sentats: Perujo, de La Rioja; Jesús Mora, de Casa Siñó, y Julio Castán, de Casa Chinac de Bisaurri; José Ribera, de Casa Billapllana de Llire; Jesús Mora, de Casa Cornell, y Ramón Martín, de Casa Matías de Chía.

De izquierda a derecha, de pie: Dámaso Aventín, de Casa Taberna de Chía; Manuel Ralui, de Casa Solana de Barbaruens; Jesús Mur, de Casa Dorotea, y Jesús Barrau, de Casa Oros de Chía. Sentados: Perujo, de La Rioja; Jesús Mora, de Casa Siñó, y Julio Castán, de Casa Chinac de Bisaurri; José Ribera, de Casa Villapllana de Llire; Jesús Mora, de Casa Cornell, y Ramón Martín, de Casa Matías de Chía.

A la esquerra, Balentín Pere, del Molino de Sesué, y al costau suyo, Jesús Barañac, de Casa Muria de Chía (tals ans trenta).

A la izquierda, Valentín Pere, del Molino de Sesué, y a su lado, Jesús Barañac, de Casa Muria de Chía (años treinta).

Encomensán per l'esquerra: Jesús Barrau, de Casa Oros de Chía; José Gabás, de Casa Farrero Biejo de Bisaurri; Emilio Río, de Casa Sansón de Chía; José Martín, de Casa Matías de Chía, y Ramón Latorre, de Casa Sabatero de Saúnc.

De izquierda a derecha: Jesús Barrau, de Casa Oros de Chía; José Gabás, de Casa Farrero Viejo de Bisaurri; Emilio Río, de Casa Sansón de Chía; José Martín, de Casa Matías de Chía, y Ramón Latorre, de Casa Sabatero de Sahún.

Pepito Nerín, de Casa Caballera de Castilló, y Balentín Pere, del Molino de Sesué.

Pepito Nerín, de Casa Caballera de Castejón de Sos, y Valentín Pere, del Molino de Sesué.

José María Rami a la pllasa d'España.

José María Rami en la plaza de España.

Torná

Encara que torná de Guinea ba resultá un asunto difísil ta la mayoría, alguns hu teniben cllaro:

Yo bé bere que ya eba cumplliu una temporada de la mía bida y que ya yere prou; queriba torná, casame así y comensá una bida nueba.

***

Anaben pasán els ans, yo ya eba pasau dels trenta, soltero, y bedeba que si febe un altra campaña me pllantaba casi als cuaranta.

Pero yei que di que les resultabe difísil per unes cuantes coses:

Perque siempre dixabes uns dinés que tel's pagaben cuan tornabes, y aixó yere llaminero.

***

Perque eban bibiu alló en molta dedicasión y mol a fondo, eban bisto creixé les coseches y alló hu consideraban coma nuestro.

Pero yebe coses a la ball de Benás que les tiraben molto: la mayoría d'ells queriben casase dan alguna de per así, y en els biaches que feben, entre campaña y campaña, eben cortejau y ya teniben nobia. Algunos s'eben casau, a begades per podés, y está tan separats no yere bida, y portá la dona t'allí tampoc:

¡Qué i ebe de fé la dona a la finca, si yere coma si estases a Batisielles! ¡Si además tenibe criats que l'hu feben tot, no tenibe res que fé!

Volver

Aunque volver de Guinea resultó un asunto difícil para la mayoría, algunos lo tenían claro:

Yo vi que ya había cumplido una etapa de mi vida y que ya era suficiente; quería volver, casarme aquí y empezar una nueva vida.

***

Iban pasando los años, yo ya había pasado de los treinta, soltero, y veía que si hacía otra campaña me plantaba casi en los cuarenta.

Pero hay que decir que les resultaba difícil por unas cuantas cosas:

Porque siempre dejabas de cobrar unos dineros que te pagaban cuando volvías, y eso era atractivo.

***

Porque habíamos vivido con mucha dedicación y muy a fondo, habíamos visto crecer las cosechas y aquello lo considerábamos como nuestro.

Pero había cosas en el valle de Benasque que les atraían mucho: la mayoría de ellos querían casarse con alguna mujer del valle, y en los viajes que hacían entre campaña y campaña habían cortejado y ya tenían novia. Algunos se habían casado, a veces por poderes. Estar tan separados no era vida, y llevar la mujer a Guinea tampoco:

¡Qué había de hacer la mujer en la finca, si era como si estuvieras en Batisielles! ¡Si además tenía criados que lo hacían todo, no tenía nada qué hacer!

Fuese coma fuese, al cabo de més u menos tems, la chen ba torná; y sobre tot cuan més chen ba brincá ba sé cuan ba arribá la independensia. ¡A la begada, oblligats!

Calebe puyá y encomensá un altra bida perque alló no podebe durá siempre. Pero ¡tamé fastidiabe dixa-hue tot alló!

La cosa ye que a la chen que i ba está l'ha quedau unes recordanses que no se'n ban:

Fíjate lo que te digo: puestá que desde que bé torná, y fa casi sincuanta ans, no ha pasau un día que no me n'acorde de Guinea.

A altros, cuan charren de torná, els recuerdos y la emosión les fan salre les llárimes dels güells. Y hu recorden coma "els millós ans de la mía bida". Y la mayoría ban torná ta quedase per así, pero a algunos encara els reclamaben:

Ya febe uns ans qu'eba tornau y me ban binre a buscá ta aná a sacá madera a Bata l'an 1985.
—Que no i boy.
—Sí, ome, sí. Que biengues sólo per bint y güeit díes y berás com está alló, y si no te fa goy te'n tornes, que tiens els biaches pagats.
Dispués dels bint y güeit díes bé di:
—Bueno, m'i quedaré un mes més.
Cuan bé torná eben pasau sinc ans.

La mayoría cuan ban torná ban binre en dinés. Eben feto una bida sacrificada y eben bibiu en la idea que els ebe feto baixá: mirá d'estalbiá bell poco ta torná en dinés a la pocha. Pero no tots ban está així, perque alguno ba binre

Fuera como fuera, al cabo de más o menos años la gente volvió, sobre todo cuando llegó la independencia. ¡Entonces, obligados!

Había que volver y empezar una nueva vida porque aquello no podía durar siempre. Pero ¡también fastidiaba dejar todo aquello!

El caso es que a la gente que estuvo allí le han quedado recuerdos inolvidables:

Fíjate en lo que te digo: desde que volví, hace casi cincuenta años, no ha pasado un día que no me acuerde de Guinea.

A otros, cuando hablan de volver, los recuerdos y la emoción les hacen saltar las lágrimas. Se acuerdan de aquello como "los mejores años de mi vida". Y la mayoría volvieron para quedarse aquí, pero a algunos todavía los reclamaban:

Ya hacía unos años que había vuelto y me vinieron a buscar para ir a sacar madera a Bata, en el año 1985.
—Que no voy.
—Sí, hombre, sí. Te vienes sólo por veintiocho días y ves cómo está aquello, y si no te gusta te vuelves, que tienes los viajes pagados.
Después de los veintiocho días dije:
—Bueno, me quedaré un mes más.
Cuando volví habían pasado cinco años.

La mayoría cuando volvieron lo hicieron con dinero. Habían llevado una vida sacrificada y habían cumplido con la idea que les había llevado allí: intentar ahorrar un poco para volver con dinero en los bolsillos. Pero no todos lo hicieron

pió de coma ebe marchau. Ba marchá pobre, ba fé prous dinés y sel's ba gastá tots. Y es que a Guinea calebe llebá una bida ordenada, perque coma te dixases llebá podebes acabá sen un desgrasiau.

Ba yabre alguno que le bem tinre que pagá hasta el billet ta podé torná.

Entre els dos ans de campaña y els sies mesos de bacasions que se quedaben treballán, anaben nimbián els dinés y a begades els parens els ie imbertiben.

La chen ba torná, y no solo ta la ball, sinó que se ba aná repartín molto: Monzón, Barbastro, Saragosa, Barselona, Madrí, Tremp… Lo primero que se ban fé ba está la casa, y mols se ban montá el negosio: un otelet, una gasolinera, una empresa de transportes en camión, un bar…

En uns cuans ans bé fé la casa y bé montá el bar, y al cabo d'un tems bé fé la pescadería y bé tinre un taxi. Aixó quere di que tot lo que més u menos queriba fé hu bé fé.

En yei altros que ban comprá cases u finques que a la begada no baleben masa pero dan el tems n'han sacau probecho. Pero en la cosa ista d'imbertí els dinés, yebe mols que no hu teniben masa clларo:

Mira, cuan bem marchá yeran pobres u mol pobres, y d'aixó t'en acordes siempre. Cuan bem torná eban feto cuatre duros, en teniban ta fé una buena casa y mos ne sobrabe alguno. Si els esen gastau en comprá terrenos a Benás u a Monzón, alomilló abrían feto més dinés pero ¡dispués de lo que mos ebe costau ganalos…, no querían arriesgamos a perdelos en cuatre dies! Els bem posá al

así: alguno volvió peor que cuando marchó. Partió pobre, hizo dinero y se lo gastó todo. Y es que en Guinea había que llevar una vida ordenada, porque como te dejaras llevar podías acabar siendo un desgraciado.

Hubo alguno al que le tuvieron que pagar el billete para poder volver.

Entre los dos años de campaña y los seis meses de vacaciones que se quedaban trabajando, iban enviando dinero y a veces los familiares se lo invertían.

La gente volvió, y no solo al valle, sino que se fue repartiendo por diferentes lugares: Monzón, Barbastro, Zaragoza, Barcelona, Madrid, Tremp… Lo primero que hicieron fue construirse la casa, y muchos montaron un negocio: un hotel, una gasolinera, una empresa de transportes con camiones, un bar…

En unos pocos años hice la casa y abrí un bar, y al cabo de un tiempo monté la pescadería y tuve un taxi. Eso quiere decir que todo lo que más o menos quería hacer lo hice.

Otros compraron casas o fincas que entonces no valían mucho pero con el tiempo han sacado provecho. Aunque no todos tenían claro cómo invertir el dinero:

Mira, cuando marchamos éramos pobres o muy pobres, y de eso te acuerdas siempre. Cuando volvimos habíamos hecho cuatro duros, que nos daban para hacer una buena casa y aún nos sobraba dinero. Si lo hubiésemos gastado en comprar terrenos en Benasque o en Monzón, a lo mejor hubiéramos hecho más dinero pero ¡con lo que nos había

banco y a lo primero mos donabe interesos, pero dispués tot s'ha quedau en no res.

Fuese coma fuese, ban binre en una llesión ben apreneda:

Lo que yo bé apenre ye que podeban aná pel mon sabén que dan les dos mans mos podeban ganá la bida, y no mos febe falta un patrimonio que mos respaldase. Ben perdé la po a bochamos per tot arreu.

Per la ball de Benás les coses, ta primeros dels ans sesenta, estaben cambián molto y aprisa. Les empreses idroeléctriques eben comensau a fé sentrals y preses per tot arreu. Y encara que ta prou chen aigue estau "pan ta güe y fame ta demá", aixó ba animá el cotarro, perque ademés de doná fayena a chen de fora que benibe a treballá, tamé en ba doná a la chen del país que, en poco tems, ba dixá de treballá de mosos y criaus de les cases "buenes" y ba podé tinre un chornalet, apenre un ofisi y montase la bida d'un altra manera, dan altres mires.

En pocos ans, les cases buenes, aquelles que tems ta derré teniben tantos praus, tantes mules y baques, tantos mosos, y qu'eben estau el cornillero que aguantabe la bida de la ball en mols siglos, no ban podé resistí, se'n ban binre abaixo y ban encomensá a budase de chen, de bestiá y de yerba, y en poco tems algunes se ban tancá.

Per un altra man, ta istos ans tamé se ba fé la carretera de Sarllé y ya se preneben mides de la neu cayeda en bistes a montá més tardi la estasión d'esquí. La ball encomensabe a fé una cherada y ya se podebe entrebere lo que güe en día estem bibín.

costado ganarlos…, no queríamos arriesgarnos a perderlos en cuatro días! Los pusimos en el banco y al principio nos daban intereses, pero después todo se quedó en nada.

Fuese como fuese, volvieron con una lección bien aprendida:

Lo que yo aprendí fue que podíamos ir por el mundo sabiendo que con las dos manos nos podíamos ganar la vida y que no nos hacía falta un patrimonio que nos respaldara. Perdimos el miedo a movernos por el mundo.

En el valle de Benasque a principios de los años sesenta las cosas estaban cambiando mucho y deprisa. Las empresas hidroeléctricas habían empezado a construir centrales y presas por todas partes. Y, aunque en opinión de muchos fue "pan para hoy y hambre para mañana", además de dar trabajo a gente de fuera también se empleó a obreros del país que, en poco tiempo, dejaron de servir como mozos y criados de las casas "buenas" y pudieron tener un jornal, aprender un oficio y montarse la vida de otra manera, con otras expectativas.

En pocos años, las casas ricas, aquellas que en tiempos habían tenido tantos prados, mulas, vacas y mozos, y que habían sido el eje en que se fundamentó la vida del valle durante muchos siglos, no pudieron resistir, se vinieron abajo y empezaron a quedarse sin gente, sin animales y sin hierba, y en poco tiempo algunas se cerraron.

Por otra parte, en esos años también se hizo la carretera de Cerler y ya se tomaban las medidas de la nieve que caía con la intención de montar posteriormente la estación de esquí. El valle empezaba a hacer un cambio y ya se podía intuir lo que hoy en día estamos viviendo.

Cuan feben la carretera de Sarllé al tros de Crabaesportegada. Yeren els ans sesenta.

Cuando hacían la carretera de Cerler en el tramo de Crabaesportegada. Eran los años sesenta.

Una *barga* de yerba a debán y el pico Sarllé y lo que güe son pistes d'esquí al fondo. Cuan tals ans sesenta tornaben els sagués de Guinea cambiabe la ball de Benás: de la yerba al esquí.

Una *barga* de hierba delante y el pico Cerler y lo que hoy en día son pistas de esquí al fondo. Cuando en los años sesenta volvían los últimos de Guinea cambiaba el valle de Benasque: de la hierba al esquí.

Medín la neu cayeda antes d'encomensá a fé la estasión d'esquí. Encomensán per l'esquerra: Angelito, de Casa Poca; Luis, de Casa Bringuera; José, de Casa Lanau; Luis, de Casa Betrán; (?), y el de la bota bino, Emilio, de Casa Corte. Tots de Sarllé.

Midiendo la nieve caída antes de empezar a hacer la estación de esquí. De izquierda a derecha: Angelito, de Casa Poca; Luis, de Casa Bringuera; José, de Casa Lanau; Luis, de Casa Betrán; (?), y el de la bota vino, Emilio, de Casa Corte. Todos de Cerler.

**De Chía a Guinea...
y de Guinea a Chía**

De Chía a Guinea...
y de Guinea a Chía

Cuan alguno, en la suya bida, abandone el llugá agón ha naixeu, en ta un tems u ta siempre, puede está per prous ragons que la prudensia obligue a tratá dan tiento. A ista marcha encara güe se le diu *emigrasión*. Ista emigrasión única que se ba produsí desde isto llugá (Chía) y desde ista ball (Benás) a Guinea, a la begada colonia española, podem estudiala mirán la contribusión de les dos mans: lo que Chía y altra chen de la ball del Ésera ban aportá a la Guinea Ecuatorial hasta la independensia de 1968, y lo que Guinea, hasta ixa misma independensia, ba doná coma colonia als "emigrantes" d'un troset del Pirineo al que perteneseben coma fillos.

De Chía a Guinea

Lo que la ball de Benás ba aportá a Guinea ba sé sobre tot chen, y porían di una cultura de treball "montañesa". Chen treballadora que anabe a fé d'encargats, a cubrí els puestos de les empreses Mallo y Mora y Sampaka. A lo llargo del siglo ban está més de 120 persones d'ista ball:

Chen ilusionada en llaurase un futuro lluen del suyo llugá. Mol lluen.
Chen que coneixebe les condisions dures de la bida.
Chen que eben pasau fret hasta chelase.
Chen que eben treballau de sol a sol y de lluna a lluna.
Chen austera, sensilla, que sabebe balorá lo que yere una peseta y lo que costabe ganala.
Chen que escasamén sabebe res del país agón anabe, de la chen que s'anabe a trobá y del treball del cacau, pero que

Cuando alguien, en su vida, abandona el pueblo donde ha nacido, para un tiempo o para siempre, puede ser por varias razones que la prudencia obliga a tratar con rigor. A esto todavía hoy se le llama *emigración*. Este fenómeno migratorio único que se produjo desde este lugar (Chía) y desde este valle (Benasque) a Guinea, en aquel momento colonia española, podemos estudiarlo en términos de intercambio desde ambas partes: lo que Chía y otras personas del valle del Ésera aportaron a Guinea Ecuatorial hasta su independencia en 1968, y lo que Guinea, hasta ese momento, aportó como colonia a los "emigrantes" de una zona del Pirineo a la que pertenecían como hijos.

De Chía a Guinea

Lo que el valle de Benasque aportó, sobre todo, a Guinea fueron personas, y también podríamos afirmar que una cultura de trabajo "montañesa". Trabajadores que iban a hacer de encargados, a cubrir los puestos de la empresa Mallo-Mora y de la finca de Sampaka. A lo largo del siglo acudieron más de 120 personas del valle:

Gente ilusionada en labrarse un futuro lejos de su pueblo. Muy lejos.
Gente que conocía las duras condiciones de la vida.
Gente que había pasado frío hasta congelarse.
Gente que había trabajado de sol a sol y de luna a luna.
Gente austera y sencilla que sabía valorar lo que era una peseta y lo que costaba ganarla.

hu ba supllí tot en les ganes, esfuerso y dan cabesa en ta fé les coses.

Y chen, casi tots familia u mol ben abenits, que ban sabre formá una piña alrededó de la empresa y sacá buen partido.

Tamé ban aportá una costansia y una manera de fé les coses ta que durasen llargo tems. La prueba ye que, güe en día, sen ans dispués, les finques (Sampaka) y les cases (Casa Mallo y les d'alrededó) que ban fé els nuestros son de les poques que encara duren.

La ball de Benás tamé febe un poco de balneario, un puesto agón se benibe a reponre forses al costau de la familia, ideal en ta recuperase de les malauties que allá abaixo s'enganchaben en el tems que durabe la campaña (paludismo, mal del sueño, filaria, sífilis y un llargo etcétera) y de les que tots poríen contá lo que ban pasá. Menos algunos, que ya no hu ban podé contá mai més.

De Guinea a Chía

Puyaben els machos dan plátanos des del mesón de Belayo a Casa Castán. Arreatats y fermau el cordell de la cabesana de uno dan la tafarra de l'altro. Amado, *el Dotó*, un moset de a la begada quinse ans, dan la curiosidá que llebe innata la chubentú, ba querí sabre, comprobá y probá qué yere alló que llebabe. Ba pará el macho al primer prau chusto al salre y ba arrincá un plátano del carraso, mich bert mich amarillo, que se crusabe dan altros dintro les espuertes. No sabebe com se minchabe pero, coma eben feto antes tots els monos, ba sabre pelalo y fotéselo.

Gente que apenas sabía nada del país adonde iba, de la gente que se iba a encontrar y del trabajo del cacao, pero que lo suplió todo con voluntad, esfuerzo e inteligencia para hacer las cosas.

Y personas, casi todos parientes o muy bien avenidos, que supieron formar una piña alrededor de la empresa y sacarle partido.

También aportaron constancia y una manera de hacer las cosas para que perduraran. La prueba de ello es que hoy en día, cien años después, las fincas (Sampaka) y casas (Casa Mallo y las que le rodean) que hicieron los nuestros son de las pocas que todavía se conservan.

El valle de Benasque también hacía un poco de balneario: era un lugar al que se volvía para reponer fuerzas junto a la familia, ideal para recuperarse de las enfermedades que allá abajo se contraían durante las campañas (paludismo, mal del sueño, filaria, sífilis y un largo etcétera) y de las que todos podían explicar cómo lo habían pasado. Salvo algunos, que ya no podrán contarlo.

De Guinea a Chía

Subían los machos con plátanos desde el mesón de Velayo hasta Casa Castán. En reata y atado el ramal de la cabezada de uno con la *tafarra* del otro. Amado, *el Doctor*, siendo un chaval de quince años, con la curiosidad innata de la juventud, quiso saber, comprobar y probar qué era aquello que transportaba. Paró el macho en el primer prado después de salir del mesón y arrancó un plátano del racimo,

¡Animal, qué bueno! Dispués ba fé lo mismo dan un altro y dan un altro més. Cuan ba bere que cada uno que arrincabe dixabe una muestra delatora al carraso, se ba espantá per adibiná com acabaríe tot aixó. Ba desidí (igual que si podase un freixe) igualalo y mincháselos tots hasta que tota la corona quedase bllanca y le'n quedasen uns cuans, que encara arribaríen a Chía. La notisia ye que el transporte ba funsioná y el trachinero tamé. Disen que dispués de fotese bint plátanos no se ba morí. Ni per indigestión ni perque el matasen els mediés cuan ba arribá a entregá el transporte menguau. Tal begada solo el macho, al puyá per la costera, ba notá un alibio de carga que siempre se ba callá.

Isto grasioso cuento amostre que lo que se cultibabe a Guinea arribabe, no solo a les capitals de la Península, sinó tamé als puestos més amagats, coma a Chía. Tota una serie de productos, i sobre tots el cacau, ban sé mol presisos en ta l'allimentasión de la metrópoli en tems de guerres y posguerres. El cacau en aquells tems yere oro en ta la Península.

Pero, més en concreto, a la ball de Benás els benefisios ban sé notables. Cuan Joaquín Mallo ba sé diputau a les Cortes, se ban fé imbersions en carreteres que a día de güe encara i son, ya que poco s'han tocau: la carretera de Chía, el puen de Castilló, la carretera de Castilló a Bisaurri y la pista de Barbaruens. Guinea ba está una fuen de dinés en ta algunes cases de la ball, en ta tot el llugá de Chía y, sobre tot, en ta les cases més forts, que sobresalliben tanto en la presensia de les cases y les finques coma en la categoría del bestiá; cases que no amagaben la riqueza y que feben uso,

medio verde medio amarillo, que se cruzaba con otros dentro de los cuévanos. No sabía cómo se comía, pero, como habían hecho antes los monos, consiguió pelarlo y zampárselo. ¡Animal, qué bueno! Después hizo lo mismo con otro y con otro. Cuando vio que cada uno que arrancaba dejaba una muestra delatora en el racimo, se asustó al adivinar en qué acabaría la cosa. Decidió (como si podara un fresno) igualarlo y comérselos todos hasta que la corona quedase blanca, y dejar unos cuantos para cuando llegara a Chía. El caso es que el transporte funcionó y el transportista también. Dicen que después de comerse veinte plátanos no se murió, ni por indigestión ni porque lo mataran los medieros por llegar con la mercancía menguada. Quizás solo el macho, al subir por el camino, notó un alivio de carga y siempre se lo calló.

Esta graciosa anécdota es una muestra de que lo que se cultivaba en Guinea llegaba no solo a las capitales de la Península, sino también a los lugares más escondidos, como Chía. Muchos productos, y sobre todo el cacao, fueron importantes para la alimentación de la metrópoli en tiempos de guerra y posguerra. El cacao en aquellos tiempos era oro para la Península.

Pero, en concreto en el valle de Benasque, los beneficios fueron notables. Cuando Joaquín Mallo fue diputado en las Cortes se hicieron inversiones en carreteras que han durado hasta la actualidad, pues apenas se han tocado: la carretera de Chía, el puente de Castejón de Sos, la carretera de Castejón de Sos a Bisaurri y la pista de Barbaruens. Guinea fue una fuente de dinero para algunas casas del valle, para

a begades, de gran ostentosidá. Pero no solo ba sé la imbersión a Chía, sinó que els amos de les empreses guineanes tamé ban imbertí grans fortunes a les capitals de l'Estau.

Els que i ban está tamé se'n ban portá dan ells la esperiensia del choque cultural en el mon negro, bibiu en primera línia: problemes en ta entenese dan correcsión y en ta comprenese "culturalmén"; ta treballá, ta maná y ta fé creure; ta compartí, ta solidarisase y ta "igualase" dan la chen de coló, unes situasions que constataben a diario que els negros no aseptaben sometese pasíficamen a la bida laboral y molto menos a la sosial, agón siempre ban faltá ganes de colaborá. Un mon de relasions molto més dures que les que eben bibiu hasta a la begada a la montaña.

Malautíes tropicals que dan més u menos durasión y forsa les ban sobrebinre, y que ta alguns ban suponre un resultau de muerte que la istoria ba presensiá y que se guarde al gran sagrero de Malabo.

Desconsierto y sensasión de continues equibocasions de la metrópoli, desde agón se febe una política "torpe" hasta en la espllotasión económica. Les imbersions adecuades en polítiques sosials y educatibes yeren (y son güe en día) algo que ni podem arribá a pensá.

todo el pueblo de Chía y sobre todo para las familias más ricas, que sobresalían tanto por la presencia de sus casas y fincas como por la categoría de su ganado; casas que no ocultaban la riqueza y que hacían uso, a veces, de gran ostentación. Pero no todo fue inversión en Chía: los dueños de las empresas guineanas también invirtieron grandes fortunas en las capitales del Estado.

Los que estuvieron también se trajeron la experiencia del choque cultural con el mundo negro, vivido en primera línea: problemas para entenderse de un modo correcto, para comprenderse culturalmente, para trabajar, para mandar y obedecer, para compartir, para solidarizarse y no hacer diferencias con la gente de color, situaciones que constataban a diario que los negros no aceptaban someterse pacíficamente en la vida laboral y mucho menos en la social, donde siempre faltaron ganas de colaboración. Un mundo de relaciones mucho más duras que las vividas hasta entonces en la montaña.

Les sobrevinieron además enfermedades tropicales, con mayor o menor duración y fuerza, y para algunos supusieron una muerte que la historia presenció y que se guarda en el gran cementerio de Malabo.

Hubo desconcierto y decepción ante los continuos errores de la metrópoli, desde donde se llevó a cabo una política torpe incluso en la explotación económica. Las inversiones adecuadas en política social y educativa eran (y siguen siendo) impensables.

Un pobre burro... cargau coma un burro. Per isto país tamé se le diu *el somero*, la bestia de carga dels pobres.

Un pobre burro... cargado como un burro. En este país nuestro también se le llama *el somero*, la bestia de carga de los pobres.

Y en t'acabá

Y para terminar

Ayere y güe

Ha pasau ya prou tems de reposo ta que tot lo que ba sé la colonisasión de Guinea se puesque estudiá y entenre en tota la suya ampllura: política, económica, religiosa… Pero cal reconeixé, y així hu fem, que son uns asuntos que s'han tratau, güe en día encara, en no poques retisensies y resistensies.

Els ans dispués de la Guerra Sibil ban sé mol duros, llargos y difísils a tot arreu; a ista ball tamé. La chen no tenibe nada; menos dos coses, y ixes sí, en abundansia: fame y po. Fame per lo que tanto le faltabe al estómago de resibí; po de lo que eben bisto, sentiu y padeseu…, po hasta de no aná els dimenches a misa.

Y en ixa temporada tan llarga se prosperabe poco. La chen yere austera, dura…, pero no tonta. Bedebe les coses d'alrededó. Primero si bell besino medrabe; dispués bell llugá, que paresebe que l'ebe tocau el "gordo" d'ixes fredes Nabidats. La chen (siempre hu han feto, pero en les temporades mol dures encara més) mirabe dan un güello a casa suya y dan l'altro al besino. A tots els besins. La fame, y siempre y sobre tot la embidia, "en ba fé moltes", disen.

Ya antes, pero encara més ta dispués de la guerra "nuestra", la chen (que yeren mols) bedebe que els que eben marchau lluen produsiben riquesa, teniben dinés, y aixó se notabe a belles cases que, de pobres u michanes, coma ya em dito, se tornaben (y de qué manera) en poderoses, riques y dan molta influensia… Casi tot embidiable. Per si no'n yebe prou, s'emparentaben al casase entre ells y se

Ayer y hoy

Ha pasado el tiempo suficiente para que lo que fue la colonización de Guinea se pueda estudiar y analizar en todas sus dimensiones: política, económica, religiosa… Pero hay que reconocer, y así lo hacemos, que estos aspectos se han tratado, incluso hoy en día, con no pocas reticencias y resistencias.

Los años posteriores a la Guerra Civil fueron muy duros, largos y difíciles en todas partes; en este valle también. La gente no tenía nada, salvo dos cosas, y, estas sí, en abundancia: hambre y miedo. Hambre por todo lo que el estómago no recibía; miedo de lo que habían visto, sentido y padecido…, miedo hasta de no ir los domingos a misa.

Y en esa época tan larga se prosperaba poco. La gente era austera, dura…, pero no tonta. Veía lo que pasaba a su alrededor: primero, algún vecino que prosperaba; después algún pueblo donde parecía haber caído "el gordo" de esas frías Navidades. La gente miraba (siempre lo ha hecho, pero en las temporadas muy duras aún más) con un ojo su propia casa y con el otro la del vecino. Las de todos los vecinos. El hambre, y siempre y sobre todo, la envidia, "hicieron de las suyas", dicen.

Ya antes, pero aún más después de "nuestra" guerra, la gente (que era mucha) veía que los que habían marchado lejos traían riqueza, tenían dinero, y eso se notaba en algunas casas, que de pobres y medianas se convertían (y de qué manera) en poderosas, ricas e influyentes… Casi todo envidiable. Y, por si fuera poco, se emparentaban al casarse regalaben més riquesa y més poder. "Siempre ba el aigua t'anque més en yei", dibe Ramón, de Casa Puyet, que tenibe ragons ta sabe-hue y tota la esperiensia de padese-hue.

Isto "panorama" produsibe sentimens distintos: ta uns, admirasión y ganes de fé lo mismo que eben feto uns cuans, o sigue, emigrá a Guinea; t'altros, embidia per tenise que quedá a serbí a ixes cases "que teniben de tot" y que pagaben solo "un chornalet de miseria". Y altros han guardau, amagada al baúl del alma, una bengansa que mai han podeu serbí… ni en pllat fredo.

En algunes coses Guinea yere tabú: se sabebe dels que i anaben y tornaben, pero información "de la buena", poca. ¿Perqué? Calríe rebobiná el tems, tornagüe a biure… y que hu contasen uns y altros: tots y de tantes clases y combeniensies. Yei restos encara de tot aixó. Ara, güe en día, se puede charrá y conta-hue dan llibertá. Pero no tot ye berdá, ni de una man ni de l'altra. Tot encara está mol serca: "de fa cuatre díes", que dim per así. Yei mols interesos, chuntos dan sentimens, mescles de dinés y families, y coma siempre, en casi tot, coses que se pueden contá y altres que no cal. ¡Ta qué!

Güe en día les coses ya han donau moltes bueltes. Han pasau cuaranta ans desde la independensia de Guinea y els camins que han preneu la isla de Fernando Poo y la ball de Benás parese que siguen mol distintos. A la ball de Benás s'han acabau les baques, les güelles, les burres, les crabes y els paquets de mules (ara yei turistes); els güerts, els campos y els prats (ara yei urbanisasions); les bordes, les cuadres

entre ellos y se regalaban más riqueza y más poder. "Siempre va el agua adonde más hay", decía Ramón, de Casa Puyet, que tenía razones para saberlo y toda la experiencia de haberlo padecido.

Este panorama tenía distintos efectos: a unos les producía admiración y ganas de hacer lo mismo que habían hecho unos cuantos, o sea, emigrar a Guinea; a otros, envidia por tenerse que quedar a servir en esas casas que lo tenían todo y solo pagaban un jornal de miseria. Otros han guardado, escondida en el baúl del alma, una venganza que nunca han podido servir… ni en plato frío.

Para algunas cosas Guinea era tabú: se sabía de los que iban y volvían, pero información "de la buena", poca. ¿Por qué? Habría que "rebobinar" el tiempo, volver a vivir… y que lo contaran unos y otros: tantos y de tan diferentes clases y condiciones. Todavía quedan restos de todo eso. Eso sí, hoy en día se puede hablar y contarlo con libertad, pero no todo es verdad, ni de un lado ni del otro. Está todavía muy reciente: "hace cuatro días", que decimos por aquí. Hay muchos intereses, muchos sentimientos, lazos económicos y familiares, y como siempre, en casi todo, cosas que se pueden contar y otras que no merece la pena. ¿Para qué?

Hoy en día las cosas han cambiado mucho. Han pasado cuarenta años desde la independencia de Guinea y los caminos que han tomado la isla de Fernando Poo y el valle de Benasque parecen ser muy diferentes. En el valle se han acabado las vacas, las ovejas, las burras, las cabras y los paquetes de mulas (ahora hay turistas); los huertos, los

y els palleros (ara yei restaurans, tiendes y discoteques). Tamé s'han acabau la fame, la pobresa… y la po, tamé la po. A Fernando Poo la po no s'ha acabau, y la pobresa tampoc. Ye África. Lo que sí s'han acabau son els cultibos de cacau, de café y de banana. S'han acabau tamé els europeus colonisadós y els braceros nigerians. Ara yei petróleo. Petróleo y guineans… Y tamé americans.

¡Mols cambios! ¡Mols! Pero yei algo que no ha cambiau y ye coma el meligo que mos achunte en el tems, un forau d'Aigualluts que naixe a Chía y sall a Guinea. Si anets a Fernado Poo trobarets dos coses intactes: la finca de Sampaka y Casa Mallo. Ta elles no ha pasau el tems. Sampaka en les suyes palmeres reals, els secadés y la casa de madera, tal y coma la ba dixá Mariano; Casa Mallo en les dos pllantes y la galería, tal y coma la ba dixá el fundadó, Joaquín Mallo Castán. La uebra de Chía está coma el primer día. Ye el Malabo cardigaso.

Y, per un altra man, asercaus a Chía. A la pllasa. Dichós del nuguero un día que fague bueno. Trobarets dos u tres u micha dosena d'agüels. Escultatlos. Porets sentí cuentos y cuentos guineanos, istories africanes que paresen de dispués ayere y bienen de lo més fondo dels tems. Ixa ye la africanidá de Chía, la eterna Chía guineana.

campos y los prados (ahora hay urbanizaciones); las bordas, las cuadras y los pajares (ahora hay restaurantes, tiendas y discotecas). También se han acabado el hambre, la pobreza… y el miedo, también el miedo. En Fernando Poo el miedo no se ha terminado, y la pobreza tampoco. Es África. Lo que sí se ha acabado son los cultivos de cacao, café y banana. Se han acabado también los europeos colonizadores y los braceros nigerianos. Ahora hay petróleo. Petróleo y guineanos… Y también americanos.

¡Muchos cambios! ¡Muchos! Pero hay algo que no ha cambiado, y es como el cordón umbilical que nos une en el tiempo, un *forau de Aigualluts* que nace en Chía y llega a Guinea. Si vais a Fernando Poo encontraréis dos cosas intactas: la finca de Sampaka y Casa Mallo. Para ellas no ha pasado el tiempo. Sampaka con sus palmeras reales, los secaderos y la casa de madera, tal y como la dejó Mariano; Casa Mallo con las dos plantas y la galería, tal y como las dejó su fundador, Joaquín Mallo Castán. La huella de Chía está como el primer día. Es el Malabo *cardigaso*.

Y, por otro lado, acercaos a Chía. A la plaza. Bajo el nogal, un día que haga bueno. Encontraréis dos o tres o media docena de abuelos. Escuchadlos: podréis oír cuentos y cuentos guineanos, historias africanas que parecen de anteayer y vienen de tiempos lejanos. Esa es la africanidad de Chía, la eterna Chía guineana.

La intemporalidá de Mariano

Mariano ba soniá… y se ba despertá a Guinea. No, tal begada no se ba despertá mai. Ba seguí dan un sueño que solo hu saben, per sé testigos dretos y llargos, les palmeres reals de Sampaka.

Mientras Mariano Mora sigue dormín en la intemporalidá, sonián aquella Santa Isabel de Fernando Poo, güe nusaltros querim reconeixele desde Malabo de Bioko lo que mos ha dixau, el rastro. El rastro ye lo que dixen les besties u les persones cuan pasen per un puesto. ¡Pobres de cada uno de nusaltros si no sabem dixá rastro pels puestos que em pasau!

Mols, pues, el ban acompañá en mérito, en esfuerso, dan bides manchades de sudó, de caló, de coló y uló a café y a cacau. Del coló que tiene la Guinea negra embllanquiada desde Chía. Yei "casualidats" que se tradusen en milagros. ¿U no hu ye lo que así querim contá aben-hue comprobau? Coma siempre s'ha dito, ¡gloria y onor als descubridós!

L'anonimato dels demés protagonistes mereixe un troset d'isto llibre. Cuans y cuans no serán recordats ni a aquell sagrero de Santa Isabel. Coma aquella frase del poeta: "Dios mío, qué solos se queden els muertos…". Pues a Guinea, a Bioko, a Malabo, encara més. Ban aná uns, ban torná altros, se turnaben en contratos y contratems; "en la salud y en la enfermedad", que te diben a la illesia cuan te casaben. Yere un matrimonio (¿de combeniensia?) entre tú y Guinea, que tiene nom femenino; tamé ye casualidá…

Dixa't-mos solo dos línies tal recuerdo de un ome muerto dan una ilusión biba. El que més prisa ba tinre en morise

La intemporalidad de Mariano

Mariano soñó… y se despertó en Guinea. No, tal vez no se despertó nunca. Siguió con un sueño que solo conocen, porque fueron testigos directos, las palmeras reales de Sampaka.

Mientras Mariano Mora sigue durmiendo en la intemporalidad, soñando con aquella Santa Isabel de Fernando Poo, hoy nosotros queremos reconocerle desde Malabo de Bioko lo que nos ha dejado: el rastro, ese rastro que dejan los animales o las personas cuando pasan por un sitio. ¡Pobres de nosotros si no sabemos dejar rastro en los lugares por los que hemos transitado!

Muchos, pues, lo acompañaron en el mérito, en el esfuerzo, manchando sus vidas de sudor, de calor, de color y olor a café y a cacao. Del color que tiene la Guinea negra blanqueada desde Chía. Hay "casualidades" que se traducen en milagros. ¿O no lo es esto que aquí queremos contar tras haberlo comprobado? Como siempre se ha dicho, ¡gloria y honor a los descubridores!

El anonimato de los demás protagonistas merece un apartado en este libro. Cuántos no serán recordados ni en aquel cementerio de Santa Isabel. Como aquella frase del poeta: "Dios mío, qué solos se quedan los muertos…". Pues en Guinea, en Bioko, en Malabo, todavía más. Fueron unos, volvieron otros, se turnaban con contratos y contratiempos; "en la salud y en la enfermedad", que te decían en la iglesia cuando te casaban. Era un matrimonio (¿de conveniencia?) entre tú y Guinea, que tiene nombre femenino; también es casualidad…

Y PARA TERMINAR | 187

La Guinea Española, 25 d'abril de 1922. El peu de la foto diu: "El Padre Julián García y Don Marino Mora (q.s.g.h.) examinando en la finca Constancia un gigantesco árbol".

La Guinea Española, 25 de abril de 1922. El pie de la foto dice: "El Padre Julián García y Don Marino Mora (q.s.g.h.) examinando en la finca Constancia un gigantesco árbol".

allí: Agapito, Agapito Mur, de Casa Santamaría. De Chía. Solo i ba está tres mesos.

Guinea, Chía, la ball de Benás, chen de aná y torná. U no.

A tots, la nuestra més gran admirasión, aprobechán la desincusa que mos ets donau en ta anaie.

Grasies a tots els que i bets aná y grasies als que bets torná ta contagüe.

Grasies als que mos llichits, per tot, y tamé per la buestra pasiensia.

Em d'acabá din, copián la frase del directó del sirco: alló de "Perdonen los fallos y aplaudan la voluntad". Guinea ha seu fallo, aplauso y boluntá. Y tots nusaltros, tal begada, un poco… el sirco.

Dejadnos solo un par de líneas para el recuerdo de un hombre muerto con una ilusión viva. El que más prisa tuvo en morirse allí: Agapito, Agapito Mur, de Casa Santamaría. De Chía. Solo estuvo tres meses.

Guinea, Chía, el valle de Benasque, gente de ida y vuelta. O no.

A todos, nuestra mayor admiración, aprovechando la excusa que nos habéis dado para ir.

Gracias a todos los que fuisteis y gracias a los que volvisteis para contarlo.

Gracias a los que nos leéis, por todo, y también por vuestra paciencia.

Hemos de acabar copiando la frase del director del circo: aquello de "Perdonen los fallos y aplaudan la voluntad". Guinea ha sido fallo, aplauso y voluntad. Y todos nosotros, tal vez, un poco… el circo.

Els chermans Ramón y Mariano Pascual, de Casa Farrero de Bisaurri, dan un puyal de braceros preparats ta la fayena del cacau.
Los hermanos Ramón y Mariano Pascual, de Casa Farrero de Bisaurri, con un montón de braceros preparados para el trabajo del cacao.

Nom	Apellidos	Casa	Llugá	Época	
Mariano	Mora Abad	Casa Castán	Chía	1ª temporada	
Juan	Nerín Mora	Casa Castán	Chía	1ª temporada	L'an 1930 yere a la isla
José María	Nerín Mora	Casa Castán	Chía	1ª temporada	
Joaquín	Mallo Castán	Casa Presín	Chía	1ª temporada	L'an 1908 yere a la isla
Jesús	Mallo Castán	Casa Presín	Chía	1ª temporada	L'an 1911 yere a la isla
Magdalena	Mallo Castán	Casa Presín	Chía	1ª temporada	L'an 1928 yere a la isla
Julio	Nerín Mallo	Casa Presín	Chía	2ª temporada	I ba aná l'an 1945. I ba está hasta 1975
Joaquín	Mallo Lopez	Casa Presín	Chía	2ª temporada	
Julia	Mora		Chía	1ª temporada	L'an 1908 yere a la isla. Yere religiosa
Antonio	Azcón Delmás	Casa Chuansaún	Chía	1ª temporada	L'an 1909 yere a la isla
Balentín	Mora Delmás	Casa Chuansaún	Chía	1ª temporada	L'an 1915 yere a la isla
Daniel	Mur Gabás	Casa Santamaria	Chía	1ª temporada	L'an 1915 yere a la isla
Agapito	Mur	Casa Santamaria	Chía	1ª temporada	L'an 1916 yere a la isla
Ángel	Mur	Casa Santamaria	Chía	1ª temporada	L'an 1911 yere a la isla
Martín	Mur	Casa Santamaria	Chía	1ª temporada	L'an 1919 yere a la isla
José	Mora Güerri	Casa Cornell	Chía	1ª temporada	L'an 1912 yere a la isla
Joaquín	Mora Güerri	Casa Cornell	Chía	1ª temporada	L'an 1915 yere a la isla
José	Mora Mallo	Casa Cornell	Chía	2ª temporada	
Joaquín	Mora Mallo	Casa Cornell	Chía	2ª temporada	
Jesús	Mora Mallo	Casa Cornell	Chía	2ª temporada	
Enrique	Mora Mallo	Casa Cornell	Chía	2ª temporada	
Carlos	Mora Mallo	Casa Cornell	Chía	2ª temporada	
Agustín	Pallaruelo	Casa Gregoria	Chía	1ª temporada	L'an 1915 yere a la isla
José	Pallaruelo Mallo	Casa Gregoria	Chía	2ª temporada	I ba aná l'an 1942-1943. I ba está 29 ans

Nom	Apellidos	Casa	Llugá	Época	
Jesús	Pallaruelo Mallo	Casa Gregoria	Chía	2ª temporada	I ba aná l'an 1947. I ba está 10 ans
Félix	Ballarín	Casa Chuancastán	Chía	1ª temporada	L'an 1917 yere a la isla
Juan	Lamora	Casa Pautorrens	Chía	1ª temporada	L'an 1917 yere a la isla
Jesús	Mur	Casa Ramonot	Chía	1ª temporada	L'an 1917 yere a la isla
Antonio	Garuz Saludes	Casa Sastre	Chía	1ª temporada	L'an 1919 yere a la isla
Juan	Mur Pallaruelo	Casa Dorotea	Chía	2ª temporada	L'an 1946 yere a la isla
Jesús	Mur Pallaruelo	Casa Dorotea	Chía	2ª temporada	L'an 1946 yere a la isla
Jesús	Barrau	Casa Oros	Chía	2ª temporada	L'an 1946 yere a la isla
Antonio	Barrau	Casa Oros	Chía	2ª temporada	L'an 1949 yere a la isla
Manuel	Martín Fumanal	Casa Aseiterero	Chía	2ª temporada	I ba aná l'an 1945
Milagros	Lamora	Casa de Conques	Grist	2ª temporada	
Manuel	Martín Lamora	Casa Aseiterero	Chía	Fillo de Manuel y Milagros. Naixeu a la isla	
Ramón	Martín	Casa Matías	Chía	2ª temporada	I ba aná l'an 1947. I ba está 12 ans
José	Martín	Casa Matías	Chía	2ª temporada	
Teodoro	Martín	Casa Matías	Chía	2ª temporada	
Emilio	Río Mur	Casa Sansón	Chía	2ª temporada	I ba aná l'an 1947
Jesús	Barañac	Casa Muria	Chía	1ª temporada	I ba está de 1935 a 1953 y de 1960 a 1966
Mariano	Fondevila	Casa Artasona	Chía	2ª temporada	
Juan	Lacorte	Casa Barbero	Chía	2ª temporada	
Delfín	Güerri Castán	Casa Mateu	Chía	2ª temporada	I ba aná l'an 1942-1943
Antonio	Güerri Castán	Casa Mateu	Chía	2ª temporada	
José	Güerri Maulín	Casa Mateu	Chía	2ª temporada	
Enrique	Carrera	Casa Ramondarcas	Chía	2ª temporada	

Nom	Apellidos	Casa	Llugá	Época	
Juan	Abentín Lacorte	Casa Taberna	Chía	2ª temporada	
Dámaso	Abentín Lacorte	Casa Taberna	Chía	2ª temporada	
Julia	Mur Blanc	Casa Garsía	Chía	2ª temporada	
Arturo	Abentín Mur	Casa Taberna	Chía	Fillo de Dámaso y Julia. Naixeu a la isla	
Dámaso	Abentín Mur	Casa Taberna	Chía	Fillo de Dámaso y Julia. Naixeu a la isla	
Manolo	Castán Mora	Casa Chinac	Bisaurri	1ª temporada	L'an 1924 yere a la isla
Julio	Castán Mora	Casa Chinac	Bisaurri	2ª temporada	I ba aná l'an 1941
Manolo	Gabás	Casa Calbera	Bisaurri	2ª temporada	
Faustino	Gabás	Casa Calbera	Bisaurri	2ª temporada	
Ramón	Pascual	Casa Farrero	Bisaurri	2ª temporada	
Mariano	Pascual	Casa Farrero	Bisaurri	2ª temporada	
José	Gabás	Casa Farrero Biejo	Bisaurri	2ª y 3ª temporada.	I ba está de 1950 a 1958 y de 1985 a 1990
José	Arnest	Casa Justo	Bisaurri	2ª temporada	
Ángel	Arnest	Casa Justo	Bisaurri	2ª temporada	
Fernando	Arnest	Casa Justo	Bisaurri	2ª temporada	
Jesús	Mora	Casa Siñó	Bisaurri	2ª temporada	I ba aná l'an 1942-1943
Joaquín	Cierco	Casa Garrabet	Bisaurri	2ª temporada	
Juan Antonio	Cierco	Casa Garrabet	Bisaurri	2ª temporada	
Néstor	Eri	Casa Conte	Bisaurri	2ª temporada	I ba aná l'an 1960. I ba está 2 ans
José Antonio	Río Blanc	Casa Caseta	Bisaurri	3ª temporada	
Fransisco	Ralui	Casa Andreu	Barbaruens	1ª temporada	
Raimundo	Ralui	Casa Solana	Barbaruens	1ª temporada	
José	Ralui	Casa Solana	Barbaruens	1ª temporada	

Nom	Apellidos	Casa	Llugá	Época	
Joaquín	Ralui	Casa Solana	Barbaruens	1ª temporada	
Manolo	Ralui	Casa Solana	Barbaruens	1ª temporada	
Mariano	Gabás Garcia	Casa Albá	Benás	1ª temporada	Estabe de dotó a Benás y ba aná de dotó a la isla l'an 1919
Antonio	Lanau	Casa Balera	Benás	2ª temporada	I ba está desde 1957 a 1964
José	Blanco Pallás	Casa Blanco	Benás	2ª temporada	I ba está desde 1959 a 1964
Santiago	Mora	Casa Siñoantonio	Benás	2ª y 3ª temporada	I ba está desde 1967 a 1976
José María	Rami		Benás	2ª temporada	I ba está desde 1956 a 1963
Maripé	Solana		Benás	2ª temporada	I ba está desde 1958 a 1963
Fernando	Rami Solana		Benás	Fillo de José María y Maripé. Naixeu a la isla l'an 1959	
Carlos	Rami Solana		Benás	Fillo de José María y Maripé. I ba está al poco de naixé	
Daniel	Villegas	Casa Casalero	Gabás	2ª temporada	I ba aná l'an 1945
Ana	Mora	Casa Catoy	Gabás	2ª temporada	I ba aná l'an 1956
Daniel	Billegas Mora	Casa Brunet	Benás	Fillo de Daniel y Ana. Naixeu a la isla	
José María	Castán Barrau	Casa Guillém	Gabás	2ª temporada	L'an 1946 yere a la isla
José	Alins	Casa Ramón	Gabás	2ª temporada	
Emilio	Nerín	Casa Palasí	Sanmartí	2ª temporada	
Josefina	Alins	Casa Ramón	Gabás	2ª temporada	
Carlos	Nerín Alins	Casa Ramón	Gabás	Fillo de Emilio y Josefina. Naixeu a la isla	
Ramón	Latorre	Casa Sabatero	Saúnc	2ª temporada	
Jorge Gonzalo	Martín Eresué	Casa Farrero	Saúnc	2ª temporada	
Ángel	Escalona	Casa Grasián	Saúnc	2ª temporada	
Amado	Escalona	Casa Grasián	Saúnc	2ª temporada	
José María	Canales Peiret		Campo	1ª temporada	L'an 1920 yere a la isla

Nom	Apellidos	Casa	Llugá	Época	
Miguel	Abentín Nerín	Casa Abentín	Campo	1ª temporada	L'an 1926 yere a la isla
Mariano	Canales		Campo	1ª temporada	L'an 1932 yere a la isla
Pitolo	Abentín	Casa Abentín	Campo	2ª temporada	
Abentín	Abentín	Casa Abentín	Campo	2ª temporada	
Alberto	Mora Pellicer	Casa Moreta	Castilló	2ª temporada	
José	Nerín Sanmartín	Casa Caballera	Castilló	2ª temporada	I ba aná l'an 1942
José Manuel	Saura Abad	Casa Laborda	Castilló	3ª temporada	
Antonio	Ribera Mora	Casa Billapllana	Llire	2ª temporada	
José	Ribera Mora	Casa Billapllana	Llire	2ª temporada	I ba aná l'an 1941
Carmen	Saura	Casa Antonichuán	Urmella	2ª temporada	
Mari Carmen	Ribera Saura	Casa Billapllana	Llire	2ª temporada	Filla de José y Carmen. Naixeda a la isla
Ramón	Ferrer	Casa Bisenta	Llire	2ª temporada	
Ramón	Oliva Delmás	Casa Pepet	Llire	2ª temporada	
José	Peiret Lacorte	Casa Peiret	Seira	1ª temporada	L'an 1926 yere a la isla
José	Peiret Santos	Casa Peiret	Seira	2ª temporada	L'an 1944 yere a la isla
Enrique	Peiret Santos	Casa Peiret	Seira	2ª temporada	L'an 1944 yere a la isla
Fransisco	Gabas Ferrer (pay)	Casa Mata	Sarllé	1ª temporada	I ba está desde 1922 a 1932
Fransisco	Gabás Pallás (fillo)	Casa Mata	Sarllé	2ª temporada	I ba está desde 1952 a 1961
Balentín	Pere Mallo	Casa El Molino	Sesué	1ª temporada	
Teodoro	Buisán	Casa Fustero	Sesué	3ª temporada	
Fernando	Sesé	Casa Mora	Piedrafita	2ª temporada	
Servando	Sesé	Casa Mora	Piedrafita	2ª temporada	
Manuel	Bispe	Casa Llorens	Urmella	2ª temporada	

Nom	Apellidos	Casa	Llugá	Época	
José	Bispe	Casa Llorens	Urmella	2ª temporada	
Germán	Saura Saura	Casa Lacasa	Arasán	2ª temporada	
Ismael	Lamora	Casa Caseta	Ramastué	2ª temporada	
Manolo	Lanau Buetas	Casa Chumplliana	Grist	2ª temporada	
Sebastián	Espot	Casa Costa	Les Paúls	2ª temporada	
Ramón	Girón	Casa Palomera	Les Paúls	2ª temporada	
Carlos	Campo	Casa Carrera	Suils	2ª temporada	
Ramiro	Campo	Casa Carrera	Suils	2ª temporada	
Ramón	Cortinat	Casa Parache	Billarué	2ª temporada	
Rogelio	Arcas Mallo	Casa Arnaldet	Erisué	2ª temporada	
Amparo	Nerín Mora	Casa Betrán	Bilanoba	1ª temporada	L'an 1908 yere a la isla. Yere religiosa

* Nota:

1ª temporada: desde sagués de 1800 a 1940

2ª temporada: desde 1941 a 1968, an de la independensia

3ª temporada: dispués de la independensia

Istes son les persones de la ball de Benás que, dispués de moltes aberiguasions, em podeu sabre que ban emigrá a Guinea; pero ye mol posible que se mos ne quede alguna.

Estas son las personas del valle de Benasque que, después de muchas averiguaciones, hemos podido saber que emigraron a Guinea; pero es muy posible que nos falte alguna.

Bibliografía

Ballarín Cornel, Ángel, *Civilización pirenaica: vestigios ancestrales, toponimia, leyendas, refranes, adivinanzas y dichos*, Zaragoza, s. n., 1972.

—, *El valle de Benasque: formación, pasado, presente y porvenir del valle*, Zaragoza, s. n., 1974.

Bolekia Boleká, Justo, *Aproximación a la historia de Guinea Ecuatorial*, Salamanca, Amarú, 2003.

Díaz Matarranz, Juan José, *De la trata de negros al cultivo del cacao*, Vic (Barcelona), Ceiba, 2005.

García Gimeno, Fernando, *El paraíso verde perdido, Guinea*, [Madrid], Pues, 1999.

Juste Moles, Vicente, *Aproximación a la historia de Benasque*, Benasque (Huesca), Antena del Pirineo, 1991.

La Guinea Española, revista editada en Fernando Poo desde 1904 hasta 1969.

López Izquierdo, Victoriano, *Manto verde bajo el sol*, Valencia, s. n., 1973.

Sanz Casas, Gonzalo, *Política colonial y organización del trabajo en la isla de Fernando Poo (1880-1930)*, tesis doctoral, Universidad de Barcelona, 1983.

Mos han achudau a rebisá el llibre
María Jesús Mora, de Casa Damián de Benás
Mari Carmen Castán, de Casa Guillem de Gabás
Ana Nogués Martínez
Toni Cardona Castellà
Felipe Osanz Sanz
Francisco Eteo Soriso
Imma Jaumot Torres
Marisa Camacho Giraldo
Antonio Merino Mora, de Casa Damián de Benás
Marsial, de Pelós de Benás

Illustrasions
Fotos portada: la del llavradó mos l'han dixau Pilarín, Jabier y César, de Casa Sastre d'Ansils; la dels cacaus, Jesús Barañac.
Fundación Hospital de Benasque: pp. 69 y 170 (de Vicente Bellosta), 70 (de Salvador Lomillos), 74 (de Valero Llanas), 72 (de Mariano López), 75, 169 y 171 (de José Luis Gabás), 78 y 82 (de Casa Betrán de Bilanoba).
Les altres mos les han dixau els "guineanos" de la ball de Benás, que mos han achudau en tot lo que ha feto falta y més.
Tamé yei fotos y retalls de prensa de *La Guinea Española* que mos les ha dixau el Fondo Claretiano.
El pllano dan els llugás de la ball mos l'ha feto Sergio Plaza Lomillos, de Farrero de Bilanoba.
El cuadro de les families fundadors mos l'ha feto Nuria Gallego Fernández.
La foto de la página 59 mos l'ha dixau el Congreso dels Diputats. En els trámites mos ha achudau Fernando García Mercadal, de Casa Faure de Benás.

A tots quedem mol agradesets.

Nos han ayudado a revisar este libro
María Jesús Mora, de Casa Damián de Benasque
Mari Carmen Castán, de Casa Guillem de Gabás
Ana Nogués Martínez
Toni Cardona Castellà
Felipe Osanz Sanz
Francisco Eteo Soriso
Imma Jaumot Torres
Marisa Camacho Giraldo
Antonio Merino Mora, de Casa Damián de Benasque
Marsial, de Pelós de Benasque

Ilustraciones
Fotos portada: la del labrador procede de Pilarín, Javier y César, de Casa Sastre de Anciles; la de los cacaos, de Jesús Barañac.
Fundación Hospital de Benasque: pp. 69 y 170 (de Vicente Bellosta), 70 (de Salvador Lomillos), 74 (de Valero Llanas), 72 (de Mariano López), 75, 169 y 171 (de José Luis Gabás), 78 y 82 (de Casa Betrán de Vilanova).
El resto proceden de los "guineanos" del valle de Benasque, que nos han ayudado en todo lo necesario y más.
También hay fotos y recortes de prensa de *La Guinea Española* que proceden del Fondo Claretiano.
El plano con los pueblos del valle lo ha dibujado Sergio Plaza Lomillos, de Farrero de Villanova.
El cuadro de las familias fundadoras lo ha dibujado Nuria Gallego Fernández.
La foto de la página 59 procede del Congreso de los Diputados. En los trámites nos ha ayudado Fernando García Mercadal, de Casa Faure de Benasque.

A todos quedamos muy agradecidos.

Edita
Diputación de Huesca

Patrocina
Ayuntamiento de Benasque

Colaboran
Comarca de la Ribagorza
Ayuntamiento de Villanova
Ayuntamiento de Bisaurri
Ayuntamiento de Castejón de Sos
Ayuntamiento de Chía
Ayuntamiento de Sahún
Ayuntamiento de Sesué
Instituto de Estudios Altoaragoneses
(Ayuda a la Investigación año 2006)

Texto y documentación
José Manuel Brunet
José Luis Cosculluela
José María Mur

Coordinación
José Miguel Pesqué

Diseño editorial
Blanca Otal

Corrección de texto
Ana Bescós

Digitalización de imágenes
Valle Piedrafita
Esteban Anía

Imprime
Gráficas Alós

ISBN: 978-84-95005-93-9
Depósito legal: Hu. 133/2008

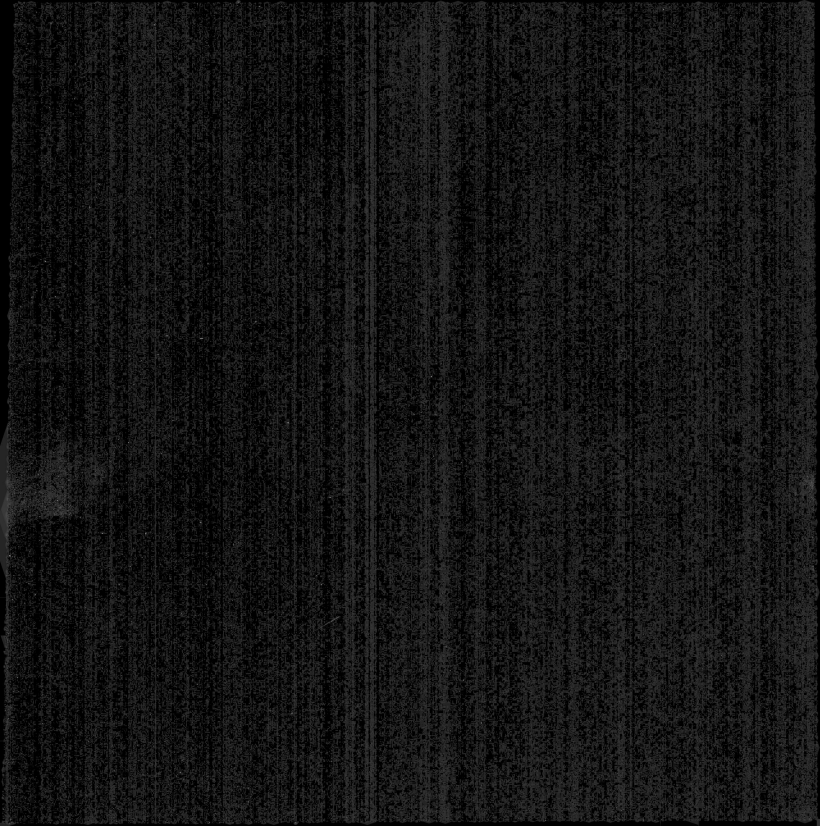